PLATAFORMA PARA EL BIENESTAR
EN COLABORACIÓN

BUSINESS AS ~~USUAL~~ *you* LOVE

SI NO ESTÁS AMANDO, NO ESTÁS CREANDO

IVETT Z. PALOMET

**EDITORIAL
SHANTI NILAYA**

Business as you love
D.R. © 2025 | Ivett Z. Palomet
Todos los derechos reservados
1a edición, 2025 | Editorial Shanti Nilaya®
Diseño editorial: Editorial Shanti Nilaya®

ISBN | 978-1-966206-52-1
eBook ISBN | 978-1-966206-53-8

La reproducción total o parcial de este libro, en cualquier forma que sea, por cualquier medio, sea éste electrónico, químico, mecánico, óptico, de grabación o fotocopia, no autorizada por los titulares del copyright, viola derechos reservados. Cualquier utilización debe ser previamente solicitada. Las opiniones del autor expresadas en este libro, no representan necesariamente los puntos de vista de la editorial.

PLATAFORMA PARA EL BIENESTAR
EN COLABORACIÓN

BUSINESS AS ~~USUAL~~ *YOU* LOVE

SI NO ESTÁS AMANDO, NO ESTÁS CREANDO

IVETT Z. PALOMET

ÍNDICE

INTRODUCCIÓN	**13**
PARTE I	**21**
Razón e Intuición	23
Tiene que haber otra manera	27
La empresa decadente	33
La silla	47
PARTE II	**59**
Business as usual	61
Los caballos	73
PARTE III	**83**
Mindset Businessasyoulove	85
La evolución de la consciencia	87
La fortaleza del espacio interior	95
Amor y Compasión	101
El barco	105
El campo fértil	107
PARTE IV	**113**
Construyendo la plataforma del bienestar	115
Los cuatro aspectos de Ti	117
Visualización creativa	127
La fosa	143
Los pilares de la consciencia	151

PARTE V	**157**
Baúl, Phi & Path	159
Baúl	163
Path	167
Tríadas El triángulo del Ser	171
Jugar y divertirse	173
Disfrutar	175
Pillar - Phi	177
Puente de conexión	189
Abundancia	203
Trece enunciados Businessasyoulove	211
Trece enunciados fundamentales	213
PARTE VI	**215**
Fundamentos de colaboración armónica	217
Principios de colaboración armónica	225
Liderazgo consciente	235
PARTE VII	**251**
Mi Ser Creador	253
Siendo Businessasyoulove	263
PARTE FINAL	**265**
Agradecimientos	269
Anexo 1.	271
Anexo 2.	273
Anexo 3.	275
Anexo 4.	277
Semblanza del autor	279

Dedicatoria.

Para mi amada hija Gillian, mi dulce y sabia compañera.

***"Business as usual"*:**
Situación normal/ Aquí no pasa nada/ Los negocios como siempre/ Hacer las cosas en el modo habitual.

***"Businessasyoulove"*:**
Hacer las cosas con amor/ Crear negocios desde la consciencia/ La única alternativa que tenemos si queremos vivir en paz.

INTRODUCCIÓN

Nunca fue tan necesario contar una historia como esta. Nunca fue tan necesario expresar nuestra verdad sin importar quien la reciba o la pueda rechazar. No elegimos este tiempo para callar. No elegimos este tiempo de vida para abortar nuestra más alta verdad. No. Es tiempo de avanzar y para eso habrá que soltar. Es necesario dejar atrás la complejidad, la mediocridad y el victimismo tan característicos en quienes no se han atrevido a explorar su verdadero potencial.

Este libro te confrontará con la trama de tu vida y por eso te hará enojar. Al leerlo no tendrás más remedio que preguntarte: «¿Cómo rayos llegamos hasta aquí? ¿Cómo dejamos que esto pasara?» Te hará llorar. Como dije, habrá que soltar.

¿Sabes lo que es un depredador furtivo? Te daré mi definición. Es alguien que acecha desde las ramas, aniquila sin piedad a quien se supone que debería de cuidar. En pocas palabras, se sirve de quien debiera amar sin sospechar que, al hacerlo, estará oponiéndose a La Vida y a su propia vida. La consciencia de depredación, tan presente en nuestro mundo, afirma que no puedes, que no vales y que, ciertamente, nunca lo harás. Por eso te escondes entre las sombras, no te muestras, te callas, no te atreves a brillar. Eso no es amar.

Así es, amado lector. Durante eones hemos ido en contra de La Vida y de nuestra vida. Es hora de parar y para eso, habrá que decir adiós. Aquí ya todo es viejo, rancio y huele mal. Sí, algo huele muy mal. El espacio creativo que te fue otorgado, se olvidó muchas millas atrás. Por eso, hoy ya nada funciona aquí. Nada está en su lugar. Lo dejaste olvidado y te fuiste a labrar en terreno ajeno, uno que, según te dijeron, tendrías que sembrar si querías mejorar. Ese espacio de creación que todos tenemos partió de nuestro derecho a existir, pero, como sabes, un derecho trae consigo una responsabilidad. Hoy pides trabajo. ¡Qué extraño!

Ahora exiges ser un esclavo cuando antes clamabas por libertad. Como ya establecimos, nada está en su lugar.

Esas son las malas noticias. Lo terrible sería entonces, que después de leer este libro, dejes todo como está. Así nada se transformará. Pero tú no harás eso. Me acompañarás en este recorrido hasta el final. Ha llegado la hora que por tanto tiempo estuvimos esperando. Tú y yo acordamos este encuentro. Para eso hemos sido llamados a este tiempo y lugar. Acordamos que yo escribiría y que tú leerías con toda atención hasta el final.

Businessasyoulove es una manera de amar. Sí. Amar es cuidar. Amar es valorar. Es estar presente con todo tu Ser, en tu Hacer. Eso es respetar. Eso es crear. *Business as usual*, por el contrario, es una expresión que usamos para describir aquello que ha prevalecido en el tiempo. Aquello que no nos hemos atrevido a cambiar. Pero ¿qué hay de malo con lo viejo? ¿Qué hay de malo con lo que hemos venido haciendo por generaciones? Después de todo, eso nos trajo aquí.

De malo nada. Pero ¿qué hemos aprendido? ¿Te gusta cómo van las cosas en tu vida? Mejor aún, ¿te sientes vivo? No. Estás harto de girar en una rueda sin llegar a ningún lado. Bien… hay que parar.

Por eso este libro se escribió para ti. Amar significa dar vida. La vida es nuestro derecho y dar más vida es nuestra obligación. Tu espacio interior de creación es para crear vida, no muerte. Por eso huele mal. Por eso no te atreves a mirar ahí. Afirmo que en tu interior está la magia de la creación. Ese espacio es tu privilegio de manifestación. Por eso no debes callar. Por eso debes gritar: «¡Estoy vivo. Yo sé lo que hay que hacer!».

El mundo puede voltear y mirar. También puede que siga de largo. Eso estará bien. No es tu asunto. Así es como llegamos hasta aquí. Al mirar la parcela ajena, desprecias tu propio jardín y por eso nada crece ahí. Es tiempo de que arregles el desastre que dejaste en tu interior y veas qué te sirve de ahí para comenzar. El reto será comenzar.

Para ello tendrás que dejar a un lado la vergüenza por lo ocurrido. Eso no sirve, solo te retrasarás más. Tu espacio interior contiene algo valioso. De hecho, es un tesoro escondido debajo de la culpa, el victimismo y el miedo. Nada de eso sirve porque ¿qué podría salir de la vergüenza sino más vergüenza? Deshazte de ello si quieres comenzar a crear una nueva y mejor historia para tu vida.

Este libro lo escribí en unas cuantas semanas. Así fue mi amado lector. Semanas que se prolongaron por dos largos y dolorosos años. Como dije, la vergüenza y el victimismo te retrasarán. Tardé dos años en escribirlo porque no podía ver el tesoro. Mi visión interior estaba nublada por el miedo a brillar.

Para terminar de escribirlo tuve que descender un poco más a los infiernos de mi inconsciente y así experimentar una vez más una gran decepción. Sabrás de lo que hablo si alguna vez has imaginado que algo muy malo iba a suceder para luego darte cuenta de que todo era una ilusión. Para nuestra bendita suerte, todo era un gran montaje.

Al descender a las cavernas de lo que yo conocía como "mi miedo a brillar y a ser vista", me encontré con algo que me llevó a emerger rápidamente a la superficie y a terminar de una vez por todas este libro. Si lo tienes en las manos es porque finalmente vencí ese miedo, y eso lo debes agradecer. El que yo venciera mi miedo, significa que tú también puedes hacerlo. Si alguien como yo, que no soy más que un puntito brillando en un universo de 200 mil millones de estrellas —eso dicen—, puede publicar sus experiencias y lo que aprendí de ellas, tú también puedes lograr lo que en tu corazón se sienta bien.

En este libro te daré pautas para el desarrollo de tu *consciencia de unidad* —es decir, todos los puntitos unidos más lo que resulte de ello—. Esto te ayudará a mirar tu potencial desde la grandeza y la bastedad. Así dejarás de observar con fiereza el mundo que te rodea. Se llama juicio.

Depredar es criticar sin piedad a tu vecino, del cual no sabes nada, ni su nombre. Lo haces cuando menosprecias tus proyectos al dejarlos tirados en un cajón durante décadas. También entras en "modo depredación" cuando pasas horas con la cara metida en las redes sociales. Aunque no lo parezca, esto es un acto cruel y devastador para tus neuronas. También lo es para el tiempo que podrías dedicar al proyecto que sigue esperando en tu escritorio; o para besar a tu pareja y rascar la oreja de tu perro, o al revés. Todo está permitido.

Según lo que he aprendido, la abundancia y el éxito vienen de un lugar distinto al que nos han contado. La realización personal, o lo que es lo mismo, la expresión completa de tu más alto potencial, tiene reglas muy estrictas, pero no por eso difíciles de seguir. Ni siquiera se te pide entenderlas del todo, solo aceptarlas en tu corazón. Es ahí donde nos hemos perdido del todo, ya que tu corazón es aún terreno desconocido para ti, pero eso no debe seguir siendo así. De eso habla este libro.

Aunque este libro no pretende ser un manual de vida, sí contiene instrucciones muy precisas para que pongas tu mundo interior en su lugar. Comenzarás por mirar dónde estás parado ahora. Después se te pedirá observar lo que sirve y lo que ha dejado de funcionar. Cuando hayas hecho espacio suficiente, tendrás que decorar el lugar nuevamente. Para ello te daré claves sencillas —y por eso poderosas— para embellecer tu mundo y tus grandes ideas. Por último, te pondrás en el río de la vida para compartir con otros tu genialidad. Verás lo que nunca, en todos los universos y tiempos, se ha podido observar. Se sentirá bien. Es una promesa.

Seguro que te estarás preguntando qué fue lo que encontré al descender a las cavernas de mi inconsciente, y cómo me llevó a publicar con éxito muchas historias. Te propongo tres cosas: primero, tendrás que leer *Businessasyoulove*. Te sorprenderá. Segundo, te invito a compartir conmigo tu historia y tus proyectos más amorosos para así poder acceder a más grandeza. Por último, te propongo una cita. Tú y yo. Nos reiremos de cosas tontas y lo pasaremos bien. Ahí te contaré mi secreto.

Con amor.
Ivett Z. Palomet

PARTE I

RAZÓN E INTUICIÓN

Este libro es un puente. Un puente que une la Intuición con la Razón. En un lado se encuentra la Intuición, esa nota que se repite entonando una canción. La Intuición es la maestra, la Razón es la aprendiz. La Intuición se describe a sí misma como una melodía. Esa que dicta, que se extiende, que comparte su sabiduría al hablar. *En tanto que la Sabiduría habla, la Razón debe callar y escuchar.*

Mientras la Intuición sabe, la Razón pregunta: «¿Cómo lo hago?, ¿cómo lo logro?». Entonces la Intuición sonríe. La maestra sonríe porque conoce la respuesta. Por el contrario, la Razón se revuelve la cabeza exclamando: «¡Qué rayos!». Exclama porque no sabe, no entiende.

La Intuición sabe porque ya pasó por donde tú te encuentras. Sabe dónde terminará todo. Ya pasó por donde espantan. Sí, espantan. Acepta que estás asustado. En tu andar te encontraste con monstruos feos y apestosos. Ellos espantan. Lo sabes. O ¿no lo sabes? En tu memoria ancestral se encuentra el recuerdo del pasado, por eso saltas al escuchar el crujir de tus recuerdos. Es decir, reaccionas.

Mientras tanto, tu maestra, la Intuición, sonríe una vez más y te dice:

— ¡Calma! Todo está bien.

—¿Bien? ¡Nada está bien! —contestas tú.

—Te has enredado entre sombras. Por eso no puedes ver. Por eso, nada está bien —afirma la Intuición con gran templanza.

—¡Uf!, ¿se acabó este libro? —exclamas

—Por favor, ¡déjalo a un lado! No necesitas más que saber que tú eres Amor, eres Vida. Eres Unidad y eres Consciencia… ¿Estás sonriendo?... ¿No? Sigamos… —Ella responde.

Amado mío, te he descrito el vaivén de tu experiencia, donde nada es como debe de ser. Repito. Nada es como debe de ser. En tu caminar perdiste la intuición y por ello también la razón. Usaste la razón en contra de la intuición y por eso nada está bien. Fuiste muy lejos. Muy muy lejos, pero hoy estas regresando.

Hoy estamos regresando a donde todo es como debe ser. Ahí es hacia donde nos dirigimos. Por eso nos encontramos en esta historia. Nuestro acuerdo fue recordarnos unos a otros cómo es experimentarse en la Consciencia de Unidad. Esa Consciencia nos está urgiendo a recordar. Solo es recordar.

Haremos este recorrido juntos. No tendrás que hacerlo solo porque en realidad nunca has estado solo.

En esta historia te contaré porque este libro se llama *Businessasyoulove*. Te compartiré parte de mi recorrido como maestra y también como aprendiz. Este libro es la respuesta a: «¿Cómo lo hago?, ¿cómo lo logro?».

Para leerlo te propongo dos cosas. La primera es sencilla: abre tu mente y tu corazón. Déjame entrar ahí con nuevas ideas. Déjame darte nuevas causas para liberar nuevas consecuencias.

La segunda puede ser un poco más complicada: ¡confía! Este libro llegó a tus manos por motivo de esas preguntas.

Este libro es un faro, y como ya te dije, también es un puente. Contiene todo lo que requieres para echar a andar tu vida. No porque contenga verdades absolutas, en realidad son solo palabras. Palabras que, como faros en la noche, te conducirán al descubrimiento de un tesoro perdido. Aunque, en realidad, nunca estuvo perdido; si acaso, olvidado.

Cierto es que, a lo largo de la historia, se plantearán problemas que parecerán irresolubles, pero no hay problemas imposibles de resolver, a menos que así lo creas. Las soluciones a esos problemas las encontrarás escondidas a lo largo de cada página de este libro. Será divertido.

Verás como el niño que llevas dentro comenzará por mostrarse indiferente y retraído para que, cuando menos lo esperes, lo verás dando saltos sobre el sofá. Así de amorosa es la vida. Así de amoroso eres tú, que escribiste esta historia para ti sabiendo que una vez que la melodía de tu consciencia sonara, te recordaría una cita. La cita con tu alma, la cita con tu verdadera identidad creativa y genial.

¡Ponte guapo, ponte guapa! ¡Volvamos a comenzar!

TIENE QUE HABER OTRA MANERA

En muchas empresas el aire está tan contaminado que se hace necesario usar una máscara antigás. De no hacerlo, quedarías asfixiado por el hedor de las constantes luchas de poder y el uso repetido de lenguaje punzante que compromete los objetivos y la salud mental de los que ahí trabajan.

Aunque parezca que esto es casi normal, no lo es. Si bien es verdad que el conflicto ha sido inherente a la sociedad y es parte de la comunicación humana, esto no tiene por qué seguir siendo así.

Encontrar una solución simple para un problema complejo puede parecer que no tenga sentido, pero lo tiene. No digo que la propuesta que aquí te presento sea fácil de implementar, ni siquiera de entender. Esto es así porque el conflicto es un comportamiento aprendido y pertenece a la génesis del ser humano. Al menos en la historia por todos conocida, que hoy ha perdido su fundamento.

Según la tradición, Caín y Abel tuvieron un desacuerdo por considerar que no había espacio para ambos en aquel primer mundo. ¿No había espacio para unos cuantos en todo el planeta? ¿Te imaginas? Hoy somos ocho mil millones de seres humanos.

La historia que justifica nuestros miedos no tiene sentido. Sin embargo, tuvo un gran impacto en la psique colectiva, que hoy es necesario corregir si queremos vivir en paz. Nunca ha sido tan necesario que aprendamos a colaborar y a crear desde la complementariedad y no desde la competencia, donde para que a mí me vaya bien, a ti te tiene que ir mal.

En la era de la inteligencia artificial, la tecnología de la información ha logrado solucionar gran parte de los desafíos de comunicación que teníamos hace unos cuantos años. Sin embargo, las personas no son capaces de ponerse de acuerdo sobre lo que quieren lograr en sus empresas. Tiran de una cuerda que, sin darse cuenta, está atada a sus propios cuellos. Si piensan que dañan al otro, se equivocan.

Toda la creatividad y el tiempo que deberíamos invertir en lograr nuestros objetivos empresariales se fuga por estar sujetos a constantes enfrentamientos y pugnas por probar quién es más rápido en llegar a ningún lado.

Businessasyoulove surge de esa necesidad de colaborar en complementariedad y aprender a disentir como medio para que surjan nuevas soluciones. Es decir, *tu idea y mi idea nunca serán mejores que nuestra idea.* Es allí donde nos dirigimos con esta propuesta.

He sido testigo de lo difícil que puede ser manejarse en semejantes ambientes. Por años intenté sobrellevar la constante pugna y el menosprecio a los talentos. Los que ahí trabajábamos, sabíamos que era necesario lograr las metas y sobrevivir en el intento. Me sentaba a observar los rostros desencajados de mis compañeros buscando una solución que hiciera más llevadero todo aquello. Por momentos parecía que lo íbamos a lograr, pero luego veíamos con decepción que intentábamos cambiar un sistema ya corrompido por la avaricia disfrazada de complejidad corporativa.

Soy consciente de que este es el momento de hacer el gran cambio. *Hay que dar el volantazo hacia el corazón,* que es el único lugar donde nacen las ideas y soluciones más sorprendentes, para resolver problemas igualmente sorprendentes.

Todos conocen las estadísticas de abandono laboral (físico o emocional) a nivel mundial. Si hablamos de *mobbing* o acoso laboral, resulta espeluznante saber que es una práctica que se ha normalizado bajo el título de "saber trabajar bajo presión". ¿Sabes lo que sufre tu sistema nervioso y todo tu cuerpo al estar sometido a semejante situación? ¿Imaginas vivir eso todos los días por los próximos treinta años?

Presiento que mis palabras calan hondo en ti por ser más familiares de lo que nos gustaría. Ese es mi objetivo. Quiero llevarte al origen de la situación para que juntos aprendamos una nueva manera de vivir y de trabajar. ¿Por qué? Porque lo merecemos. Solo por eso. Fuimos creados libres y plenos. No hay vacuidad en ti. *Nadie está roto ni le faltan piezas.* Si estás viviendo en este tiempo, trajiste bajo el brazo soluciones a los problemas de este mundo. A eso viniste.

Tu espacio interior está lleno de nuevas soluciones para viejos problemas. Las trajiste contigo. Solo tienes que acceder a ese espacio y sacarlas, como quien saca un conejo del sombrero de un mago. Sí, eres un mago, solo que no lo sabías. ¡Esas son excelentes noticias! ¿Por qué no te veo saltando sobre el sofá como cuando eras un niño? Ahí está la razón de todo. Dejaste de ser niño y olvidaste disfrutar. Te pusiste traje y corbata y olvidaste que todo era un juego.

¿Puedes imaginarte llegando a tu trabajo lleno de entusiasmo y sabiendo exactamente lo que tienes que hacer? ¿Puedes concebirte hablando con tus compañeros en perfecta armonía, sabiendo que lo que se dice es exactamente lo que se tiene que decir? No hay segundas intenciones. No hay mensajes velados, solo la verdad. Construiremos esta idea juntos a lo largo de esta historia.

Puedes pensar que esto es un sueño irrealizable de alguien que no ha vivido lo que tú. No es así. Aunque mi historia no es relevante aquí, te puedo decir que salí de un ambiente tan nocivo que tuve que ir a terapia por presentar signos de estrés postraumático. ¿Sabes lo que es eso? Es lo que presentan los soldados cuando regresan a casa después de combatir en la guerra.

Los ambientes en muchas empresas se asemejan a verdaderos campos de batalla. Aunque pueda parecer normal, no lo es. Son ambientes patológicos que requieren de mucho trabajo de transformación para ser verdaderamente productivos.

«¡Tiene que haber otra manera de comunicarnos! ¡Tiene que haber otra manera de colaborar!»

Estas dos consignas fueron la pauta que, a modo de petición de ayuda, le lancé al universo mucho tiempo atrás. Por increíble que parezca, yo recibí respuesta.

Businessasyoulove parte de la idea de amar. Propone amar tu trabajo. Crear con amor, crear desde el amor. Propone hacer negocios y colaborar para generar riqueza, alineados a la vida. Las personas piensan que si aman, se pondrán en un estado de vulnerabilidad que los hará menos exitosos; pero es todo lo contrario. Este mundo está como está por falta de amor. Cuando añades amor a tus actividades, todo toma un sentido distinto. Te permite disfrutar de tareas que antes considerarías aburridas, tal vez por ser automatizadas o por no corresponder a lo que tu corazón desea hacer. Ya llegaremos a eso también. Por ahora déjame proponer esta idea. Tú eres amor, tu amor es el ingrediente que falta en cada proyecto, en cada trabajo, en cada actividad a la que ahora estás dedicado. *"Todo lo que falta en una situación, es lo que tú no has puesto"*, dijo el gran maestro.

En la tradición religiosa se dijo que trabajarías con el sudor de tu frente. Es bueno transpirar, todo proyecto requiere una pequeña dosis de esfuerzo y mucha concentración. Todo lo bueno requiere compromiso. Entregar el corazón. Pero para dar lo mejor de ti, primero necesitas saber qué hay en ti. Si no te conoces, no sabrás lo que trajiste contigo. Nunca conocerás ese cofre interno donde se guardan todos tus tesoros ni sabrás cómo usarlos y a quién puedes servir con ellos. Todas las personas tienen talentos únicos, nadie vino con las manos vacías. El mundo en el que creciste no supo identificarlos ni valorarlos y por eso los dejaste olvidados, como los juguetes que dejaste atrás en la infancia. Pero eso no tiene por qué seguir siendo así. Siguen ahí, solo hay que desempolvar, sacarles brillo y aprender a usarlos. Si hay un momento para sudar, será aquí. Aunque trajiste la maestría contigo para usarlos, has olvidado como hacerlo. Digamos que estás un poco oxidado. Nada que no pueda arreglarse con un poco de creatividad y todo el compromiso que puedas darle. Solo hay que estar dispuesto.

El tren de la vida te ha pasado muy rápido, de pronto no supiste cómo llegaste hasta donde estás ahora. No se supone que ese fuera el destino. Aun así, si sigues aquí es para corregir el camino. Como dije antes, ha llegado la hora de dar el volantazo al centro de tu Ser. Lo mejor de todo es que puedes traer todo lo aprendido contigo. Todas tus experiencias siguen en ti y son tus maestros. Nada es un error.

He comprobado a lo largo de mi vida que aquello que yo consideré como mis grandes fracasos, en realidad fueron mis mejores maestros. Eso me inspiró a escribir este libro. ¿Cómo va el libro de tu vida? ¿Puedes compartirlo para enseñar a alguien como superaste aquel desafío y lo que aprendiste en el camino? De eso se trata todo. Nuestras experiencias son la materia prima de un sueño extraordinario que puedes llevar a la realidad, si eso es lo que quieres. Al compartirlo, puede ser el bloque de construcción del proyecto de alguien más. ¿Te imaginas? Todo aquel camino que pudo ser doloroso de recorrer, ahora se convierte en el peldaño de un proyecto extraordinario. Ese será tu legado, por eso hay que compartir.

Compartir es una forma de amar; al compartir no tienes que competir. Compartir engrandece, competir empequeñece porque siempre habrá un ganador y un perdedor. Así es como llegamos a la locura de este mundo. Tú no tienes por qué seguir pensando así. No lo necesitas para crear una buena vida.

El amor es todo lo que buscamos en este mundo. Al competir buscas ganar. Quizá buscas reconocimiento. Puede que busques dinero, pero lo que en realidad quieres es amor. Buscas amor por un camino muy largo y doloroso. Al final, cuando logras ese preciado objetivo, has dejado atrás tu salud o tal vez perdiste a tu familia. Seguro perdiste la paz. ¿Has tenido insomnio, ansiedad o acidez? Tal vez dolores de cabeza o te vas a dormir sintiéndote un cadáver y te despiertas igual o peor. Eso es perder la paz.

Hablemos de tus emociones. ¿Sientes rencor o frustración constantemente? Probablemente una sensación de vacío que no se llena ni con media tonelada de helado o un barril de cerveza. Esto también es perder la paz. Has pagado un precio muy alto por algo que ya vive en ti. Seguro que te preguntarás: «Bueno, ¿y que alternativa hay a todo esto?». Te respondo: «El amor». Te escucho decir: «¿Cómo? ¿Y eso cómo me lleva a conseguir mis objetivos y pagar la renta? ¿Acaso el amor es una nueva moneda?».

La respuesta es: «Sí. Aunque no es nueva». De hecho, es la más valiosa de todas las monedas. Primero, porque es inagotable; segundo, porque aporta tanto al que la da como al que la recibe, y tercero, porque viene en todas las denominaciones, tamaños y colores. Es universal al pertenecer a todos por igual. No está sujeta a nada que suceda en este mundo, por lo que no tienes por qué preocuparte por nada al respecto de ella. Siempre está al alcance de ti.

Una vez más, no suena como algo que pague la renta, ¿cierto? Veamos cómo funciona.

LA EMPRESA DECADENTE

La conciencia de unidad es necesaria para que puedas experimentar el amor en tus relaciones y colaboraciones. Aprender a colaborar es saberse a la vez parte y todo de algo más grande. Imaginemos esto en el siguiente ejemplo:

Eres responsable de la creación de un nuevo departamento que se encargará de atender a los clientes más importantes. Tú sabes... esos clientes que aportan las principales ganancias y gracias a ellos la empresa ha crecido y se sustenta como una de las mejores en su ramo. Sin embargo, algo no va bien en la relación con estos clientes. No están creciendo y algunos, de hecho, se han marchado. Otros están considerando hacerlo también.

Tu responsabilidad es grande porque se te pide solucionar un problema que ni siquiera entiendes. Han estado haciendo lo que saben hacer. Se supone que son expertos en su área. Que tu sepas, nada ha cambiado desde que se ganaron esos grandes clientes. «¿Qué está pasando?», se preguntan todos. Te miran esperando que hagas tu magia. Después de todo, para eso te contrataron, eres el experto, o al menos eso es lo que dice tu currículum.

Tu sudas, pero te controlas. Has estado en esta situación varias veces, así que confías en que lo harás bien y que todo se resolverá como de costumbre. Darás tu diagnóstico y la estrategia para subsanar el problema en las próximas semanas y luego todo volverá a su lugar. Te dices eso para tranquilizarte y transmitir a los equipos la confianza que necesitan. Por supuesto, también para justificar tus altos honorarios.

Desde todos los ángulos, esta no es una situación que puedas resolver tú solo. Necesitas de todos los integrantes de la compañía. Si todos forman parte de la empresa, todos forman parte del problema y, por lo tanto, todos son parte de la solución.

Sin embargo, cuando te acercas a cada responsable de área, nadie parece ser parte de ello. Cada uno te lleva al siguiente departamento, ya que según lo que te comunican, "allí todo el mundo hace su trabajo como debe hacerlo". Tú sabes que esto no puede ser cierto o de otro modo no estarían en tal situación. Entonces vas a ver a los clientes y te encuentras con una serie de promesas no cumplidas, fallos en la comunicación y que los productos no cumplieron la promesa primaria. Además, el competidor les ha estado ofreciendo mejores condiciones comerciales.

Regresas a tu empresa y das tu primer reporte. ¡Nadie sabe de lo que hablas! Se culpan unos a otros dejando ver con claridad que lo que parecía marchar bien al interior de los departamentos, no necesariamente es así. Decides llevar tu diagnóstico a otro nivel, por lo que procedes a mirar qué está pasando al interior de los equipos. No te sorprende encontrarte con problemas de todo tipo y en diferentes áreas. Nada de esto se expuso en las juntas de consejo. Todo parecía marchar bien en aquellos reportes.

Has dejado de confiar en la situación debido a que, aunque no te sorprenden tus hallazgos, sí te sorprende la gravedad del asunto. Peor aún, nadie parece darse cuenta de lo que está ocurriendo. Todo el mundo se aferra en justificar su situación en los errores de alguien más. La alta dirección no parece estar enterada de nada ya que, al estar tan alta, no puede ver lo que está ocurriendo en el fondo de la olla. Además, para eso están los equipos gerenciales. Para terminar de exponer el peor escenario, todo el mundo espera que seas tú el que resuelva la situación. ¡No puede ser peor!

Esta, en mayor o menor grado, es la fotografía de la mayor parte de las empresas. No es de extrañar que todos vivamos estresados y que hayamos perdido toda sensibilidad por lo que pasa en el fondo de estas historias.

Si regresamos a la consciencia de unidad, es decir, mi parte de la responsabilidad en mi trabajo impacta en la totalidad de la empresa, deberíamos tener claro que si el negocio se va a la quiebra, yo seré responsable y eso no es bueno para mí ni para nadie.

Si persistimos en la idea de no tomar responsabilidad por nuestras acciones, no podremos acceder a las soluciones. Nuevamente, *"todo lo que falta en una situación, es lo que tú no has puesto"*.

Nadie en sí mismo puede resolver una situación como esta, pero sí puedes hacer lo que te corresponde. En tu caso, lo más probable es que, como jefe y responsable del proyecto, tengas que hacer lo necesario para que cada uno haga su parte. La mayoría de estas situaciones comienzan y acaban con temas de comunicación y de confianza. Las partes compiten y, por lo tanto, no comparten.

Cuando se origina un problema, las personas harán todo por encubrirlo hasta que no sea posible hacerlo más. Como en este caso, las pérdidas fueron el efecto y no la causa de un problema mayor. La razón de no transparentar un problema al equipo, tiene su origen en dos situaciones: la primera, es el sentido de competencia del que ya hablamos; el segundo, que cometer errores tiene "mala prensa". Su origen es tan milenario como absurdo.

—Yo no soy culpable, fue Eva —dice Adán.

—No fui yo, fue la serpiente —Eva responde.

El problema no es el error, sino la culpa. Esto es lo que tenemos que deshacer sabiendo que todos estamos en proceso de aprendizaje. Nadie tiene todas las respuestas y con toda seguridad, en algún momento algo saldrá mal. ¿Cómo lo sabemos? Porque así es, así ha sido siempre. Así es como hemos avanzado en todos los ámbitos de la vida. El error es lo más humano que puede haber.

¿Por qué esconder nuestros errores si ellos son nuestros grandes maestros? ¿Por qué no decir la verdad y buscar soluciones antes de que las cosas empeoren?

La razón de que prefieras ocultarlos es que, en realidad, piensas que puedes. ¡Sí! Al olvidar tu conciencia de unidad, es decir, que todos formamos parte de un todo, piensas que con esmero todo quedará en el olvido si lo ocultas bajo la alfombra. Lo cierto es que tanto tu consciencia, que está unida a la consciencia de los demás, como la alfombra, saben lo que está ocurriendo.

Este es un concepto milenario que forma parte de nuestro sistema de consciencia colectiva. La tradición dice que dios —con minúscula— castigó a los primeros humanos y los desterró del paraíso condenándolos a vivir penas por toda la eternidad. Eso no es verdad. Si Dios hubiera prohibido algo, no habríamos podido hacerlo. ¡Es Dios! No tiene sentido esta historia.

No soy una persona religiosa, pero hace tiempo que descubrí que El Amor lo cambia todo. Para mí, Dios es amor. Tal vez no creas en Dios y eso está bien, pero sí sabes del amor y también del desamor. ¡Ya está! Hablemos de amor si eso te ayuda a continuar leyendo esta propuesta que, estoy segura, cambiará todo en tu vida para siempre.

Regresando a lo que está bajo la alfombra y en tu consciencia, déjame decirte que eso es lo que genera tu estrés y tu insomnio. Se llama culpa. Tu esencia es la verdad y cuando ocultas algo, vives con culpa. Por eso te paralizas. Cuando te das cuenta, todo se ha convertido en un desastre que requerirá mucho más esfuerzo del que necesitaba si hubieras pedido ayuda desde el principio.

Hay dos razones por las que no pides ayuda. La primera es que eso te hace parecer vulnerable, aunque en el trabajo lo llaman de otra manera: "Incompetente". La segunda es que el primer mecanismo para deshacerse de la culpa, o lo que es lo mismo, parecer incompetente es la proyección. «Yo no fui, fue Eva».

Si regresamos al ejemplo del proyecto al que fuiste asignado, lo que acabo de explicar es lo que en realidad está pasando en nuestra decadente empresa. Es un mecanismo de proyecciones, culpas y miedos. Esto se convierte en un bucle de proyección-culpa-miedo, miedo-culpa-proyección, del que es necesario salir si quieres resolver el problema de fondo.

Para salir de la proyección hay que tomar responsabilidades. Hay que madurar. La madurez emocional que antecede a la madurez laboral no es otra cosa que hacernos cargo de resolver lo que nuestras emociones nos ofrecen. Esto nos ayudará a encontrar soluciones creativas en todos los ámbitos de la vida. Si el tema es trabajo, con responsabilidad podrás avanzar hacia las soluciones y en colaboración podrás elevarte por encima de los problemas. Elevarse por encima de los problemas significa ver todo, no solo quedarte con tu visión de la situación. Eso es muy limitado. Si el tema es tu pareja, con responsabilidad podrás enfrentar cualquier diferencia y resolverla desde la consciencia de que no deseas ser el "ganador" de la contienda, sino una pareja feliz. Si deseas ser el ganador de la contienda, debes de saber que el premio consiste en meterte una vez más en el bucle de proyección-culpa-miedo.

He sido testigo de lo que les hace a las personas estar inmersos en ese bucle. Durante años trabajé en ese ambiente. Cuando me di cuenta, había perdido toda mi fuerza y mi brillo en el proceso. No es que los perdiera en realidad, pero tuve que trabajar mucho para disipar la nube de confusión que se fue formando en mi autoconcepto.

Siempre debes pensar bien de ti, no importa lo que el mundo diga. Cuidar tu autoconcepto, que es lo que piensas de ti mismo, es vital para tu salud emocional, física y mental. Esto siempre se verá reflejado en cómo te relacionas con las personas o las situaciones en tu vida. Amarte no es un concepto moderno y tiene poco que ver con el amor romántico, al menos si consideramos cómo se dan las relaciones de codependencia de hoy. Amarte es el fundamento de tu paz y de la tan esquiva paz en el mundo.

Pero volvamos a nuestra historia. Dejamos a nuestro ejecutivo rascándose la cabeza sin saber qué hacer para solucionar un problema que no existe. Al menos, no existe en la mente de los miembros de esta organización. Donde nos quedamos, cada persona proyectó el problema en otra persona, por eso no lo pueden resolver. No puedes resolver un problema que no tienes. El juego de proyecciones, que es tan común en este tipo de organizaciones, drena el tiempo, talento y energía de los que trabajan ahí. No es en sí la tarea la que es compleja, sino este popular pero infructuoso mecanismo de culpabilidad que genera una experiencia ausente de creatividad y de alegría.

La creatividad y la alegría son expresiones de amor. Si no te amas, es difícil que te cuides y te respetes. En consecuencia, es imposible que cuides y respetes a los que te rodean. En este entorno, la creatividad y la alegría salen volando por la ventana.

La creatividad le sigue a la alegría. Si queremos tener equipos creativos, debemos de aprender a trabajar en medio del disfrute aun en condiciones de adversidad y altos retos. Todos sabemos que los retos y aprendizajes son prácticamente cotidianos. Son parte de la evolución siempre que estén alineados a la vida. Debemos darle la bienvenida a los retos y a los desafíos cotidianos sabiendo que estamos equipados con lo necesario para superarlos y salir transformados con todos los aprendizajes que estos nos aportan.

Con todo lo que los retos nos aportan tendríamos que aprender a sentirnos honrados de tenerlos enfrente. La naturaleza es un buen ejemplo para entender esto. Los animales y las plantas saben lo que son los desafíos. Ellos no se estresan por saber que tendrán que atravesarlos para vivir y florecer. Una mariposa no está estresada por saber si los colores de sus alas serán perfectos o si las condiciones del clima serán ideales para volar. Aun así, pasa por el proceso de vivir en una crisálida que ella misma construyó sabiendo que tendrá que destruirla una vez completada la etapa de maduración.

Una planta sabe que tendrá que ejercer la presión suficiente hacia arriba y hacia abajo para tomar los nutrientes que necesita para crecer y enraizar; a la vez, buscará tener suficiente luz para hacer la química mágica que le otorgará su singular belleza.

Ahora imagina a las mariposas en constante queja con la naturaleza por el poco espacio que hay en las ramas para todas las orugas. Tal vez creas que refunfuñan por la oscuridad total que experimentarán por quince días completos para vivir solo unos cuantos meses (a veces semanas). ¿Te imaginas qué sería de este mundo sin las mariposas? ¿Qué pasaría si un día deciden que es demasiado esfuerzo por tan poco?

Un pequeño ajuste en la perspectiva de la vida puede representar una diferencia enorme en tu experiencia. Tanto en el trabajo como en la vida en general, puedes hacer que tu experiencia sea una bendición o una maldición. No digo que la vida sea sencilla y no somos mariposas, somos mucho más que eso. No mejores, no más importantes. Me refiero a que el ser humano ha olvidado su grandeza, su belleza y su valor. Por eso compite y cae en depresión cuando el resultado no le favorece. Al competir perderás en algún momento, eso es seguro. Si supieras tu valor, no lo pondrías en duda cuando el tablero aparece en rojo.

Esto nos lleva de vuelta al amor. Comenzamos diciendo que requerimos amar, y sé que al leerlo fruncíste la nariz diciendo: «¿Cómo? ¿De qué va este libro? Creí que era sobre negocios y cómo tener éxito en el trabajo». Ahí lo tienes. Amarnos a nosotros mismos nos lleva a valorarnos y respetarnos. Esto nos conduce al compromiso con la vida, y de ahí saltamos a compartir en lugar de competir. Esto, a su vez, nos ayudará a aceptar con honestidad que, desde nuestra humanidad, no somos perfectos y que necesitamos de la ayuda y la colaboración de los otros. Así dejas de proyectar las culpas y te concentras en crear y resolver lo que se presente en tus negocios. Esto generará un círculo virtuoso de creación de valor colaborativo. De ahí damos un salto cuántico a retener a nuestros mejores clientes y a atraer buenos negocios para nuestra empresa.

Sé que puedes pensar que esto es simplista. No lo es. Es mucho más complejo de lo que nos gustaría, ya que amarnos no es algo natural en la sociedad en la que vivimos. Así fue como llegamos a donde nos encontramos. La ausencia de amor trae al miedo, y de ahí se desprenden toda clase de historias de sufrimiento y escasez.

La escasez es otra proyección del miedo que te dice que, dado que no hay suficiente para todos, habrá que ser astuto si no quieres quedarte sin espacio en las ramas para colgar tu crisálida o sin luz para llevar a cabo la fotosíntesis. Así de absurda es la idea de carencia.

Desterrar la idea de carencia de tu mente y de todo tu sistema de pensamiento es fundamental si quieres acceder a los negocios más exitosos alineados con la vida. Cuando digo negocios alineados a la vida me refiero a negocios que desde su génesis han sido pensados para dar vida. ¡Sí! La madre tierra da vida y tú eres parte de ella. No te pertenece, tú le perteneces a ella. Entender esto nos lleva a saber que estamos aquí para hacer crecer esta tierra y hacer florecer tus proyectos en medio de un universo basto en recursos y abundantes ideas. Haber olvidado que estamos aquí para crear lo bueno es lo que nos ha llevado a un mundo donde la gente trabaja hasta agotarse para producir baratijas. Observa a tu alrededor y verás que tengo razón. La mayor parte de las cosas que tienes en casa no las necesitas ni las usas. No te hacen feliz. Peor aún, muchas de ellas incluso pueden ser nocivas. Esto no pretende ser un juicio de cómo deberías vivir tu vida ni qué tipo de negocios tendrías que llevar a cabo. Eres libre y todo es perfecto.

La idea a la que quiero llevarte es que la abundancia es lo natural; la carencia, por el contrario, es otra idea ilusoria que te conduce al miedo y de ahí regresamos a competir por la luz del sol y por más espacio en las ramas. Este mundo tiene ideas contrarias a la vida que hoy dejan de tener sentido. Solo debes estar dispuesto a renunciar a ellas para que la verdad cale hondo en ti.

Tú no tienes idea de lo liberador que es trabajar a favor de la vida. Esto no requiere el esfuerzo agotador con el que estás acostumbrado a trabajar actualmente. La parte que a ti te corresponde hacer en este proceso es dar vida, como una madre gesta a su pequeño bebé en el vientre. No importa si eres hombre o mujer, sabes de lo que hablo. Gestar una idea en tu corazón es lo más natural del mundo. Comienza como una pequeña luz parpadeante que llega a ti por las noches, en sueños, o cuando estás relajado riendo con tus hijos o con tus amigos. Esa luz, que puede ser muy pequeña, crecerá si le pones atención y cuando te des cuenta, estará tomando la forma de un emprendimiento grandioso o un dibujo en el refrigerador, igualmente grandioso. No importa si con ello tocas a miles o enterneces el corazón de tu madre al ver tu pequeña gran obra de arte. Así se crearon las grandes obras que han revolucionado el mundo.

El nombre de este libro vino a mí. Un día me encontraba viendo la televisión, reía por una escena graciosa en una película. Para ser franca, no recuerdo ni la película ni la escena, solo recuerdo que me reí y de repente oí un ¡clin!, como cuando una moneda cae por la ranura de un tragamonedas que te dará una golosina. Así llegó. Yo no lo pensé, me pensó a mí. Aunque no tuvo mucho sentido en su momento, se mantuvo guardado en mi mente durante meses. No me atrevía a usarlo por considerarlo un poco absurdo. Un día lo incluí en mis tarjetas de presentación y fui a una cita. Alguien muy importante en el mundo de los negocios me llamó para acordar un encuentro conmigo. Había visto en mi tarjeta el nombre de mi consultoría y una hermosa frase que puse detrás de la tarjeta. Me dijo que había conectado profundamente con ese nombre y con la frase. Ahí supe que debía usarlo y animarme a desarrollar estas ideas. Eso nos trajo a ti y a mí al día de hoy.

No me considero especial en ningún sentido. He sido bendecida con una vida rica en experiencias que me han ayudado a ver ambas caras de la moneda en el mundo de los negocios y el desarrollo de talento. Por ello puedo compartir, ese es mi único objetivo.

Cuando me propusieron crear este libro, intenté escribir durante meses, no lograba hacer a un lado mi propia historia, por lo que no podía escuchar La Historia que se me ha pedido contar en estas páginas. Estaba escribiendo desde el pasado. Desde mi experiencia dolorosa no podría ofrecerte nada. Tuve que pasar algún tiempo limpiándome de todo aquello para lograr entender el regalo amoroso que mi historia laboral me ofrecía. Solo así podría acceder a lo nuevo. Solo así estuve lista para escuchar una respuesta nunca escuchada. Sin pretensiones te digo que estas ideas no tienen precedente, nunca has oído nada igual.

El amor está tocando a tu puerta para que lo hagas partícipe de tu vida, solo tienes que dejarlo entrar y verás como se transforma tu experiencia. *El trabajo es una manifestación tuya. Viene de adentro, de tus dones y tus talentos, de aquello que no sabes explicar, pero cuando lo practicas es muy familiar.* No requiere esfuerzo, hace brillar a tu alma y tu cuerpo vibra como si pudieras volar.

Cuando te obligas a hacer aquello que la sociedad llama "carreras exitosas", sin que eso resuene en tu corazón, te cansas. No hay juicio en hacerlo. Este mundo ha funcionado así durante mucho tiempo. Las generaciones que te precedieron hicieron un gran esfuerzo para abrirse paso en un mundo que desperdicia el talento de todos y te hace pensar que el éxito es solo para unos pocos. El resto tendrá que resignarse con apenas sobrevivir. Debemos sentirnos agradecidos por las aportaciones de estas generaciones al mundo que hoy tenemos en las manos. Pero ¿cuál es tu parte en esta historia? Repetir el patrón del pasado no es honrar el precio que pagaron tus padres y tus abuelos para llegar hasta donde tú te encuentras. Ahora te toca avanzar y dar un verdadero salto al lugar donde se encuentra lo nuevo.

Lo nuevo no es nuevo en sí. Desde el origen de la eternidad se plantaron las semillas para que floreciera la vida en cada rincón de cada universo. Esas semillas tendrían que florecer y para eso habría que contar con una fuerza inteligente capaz de cuidarlas. Sí, estoy hablando de ti. Tú fuiste creado para cuidar lo creado. Cuidar es sinónimo de amar. No puedes concebir amor sin cuidados.

De ello se desprende que nadie que no se quiera a sí mismo pueda estar al cuidado de algo o alguien más. No si quieres verlo florecer. Por eso podemos explicar la dificultad de los líderes de hoy y de ayer para guiar a sus equipos con sabiduría y calidez hacia metas extraordinarias. La rudeza en los liderazgos se ha justificado por la resistencia de los subordinados para cumplir con las tareas. De esto se derivan toda clase de aberraciones que no son necesarias cuando las personas se saben valoradas. El problema es que para valorar a alguien, tienes que valorarte tú primero. Estoy hablando de amor propio.

La falta de amor propio no es exclusiva de los líderes. Es un mal general que hay que corregir. No solo para que puedas desarrollarte en el trabajo con éxito, sino para que todos los ámbitos de tu vida sean plenos, tal como lo mereces. Se ha enquistado en la sociedad una rara forma de buscar la validación y el respeto por medio de toda clase de artilugios como el poder y la fama; y para los que esto es inalcanzable, siempre quedarán las cosas o las personas. Lo cierto es que casi todas las relaciones parecen funcionar un tiempo para después verse convertidas en verdaderas torturas. ¿Por qué te lastimas a través de tus hermanos? ¿Lo has pensado? Has convertido cada aspecto de tu vida en un medio para castigarte. Las relaciones laborales, amorosas y familiares parecen haberse convertido en un medio para el dolor y el sufrimiento. ¿Te has preguntado alguna vez por qué esto es así?

Te castigas a través de tus hermanos porque no te amas. Esto es un círculo vicioso que, una vez más, te lleva del desamor al castigo, y luego al desamor otra vez. Para detener esta rueda tienes que aceptar que no sabes amar. Tienes que aceptar que te enseñaron a amar de una forma muy extraña. Estás adiestrado en el premio y el castigo, pero eso no es amor.

«Si haces algo bien, te quiero. Si haces algo inadecuado, ya no te quiero, eres niño malo», te dijeron.

Todos los sistemas de trabajo se basan en eso, lo llaman incentivos. «Si llegas a tiempo, te premio; pero si llegas tarde, serás castigado. Si llegas a las metas, tendrás un poco más. Si no llegas, no tendrás nada. Una vez más, no te quiero, eres niño malo». Donde hay incentivos, también hay castigos.

Estos sistemas denigran a las personas y se convierten en juegos de manipulación en los que nadie sale ganando. Ni las empresas ni los empleados. Los empresarios lo saben, los colaboradores también. Sin embargo, todos parecen haber aprendido a jugar este juego, aunque todos sabemos que nadie se siente feliz ni pleno.

En las relaciones personales sucede lo mismo, todo el mundo quiere ser aceptado y paga un precio muy alto por esa aceptación. El corazón lo sabe y por ello te sientes vacío. Rápidamente buscas cómo hacer que esa incómoda sensación desaparezca. En seguida buscas una copa, un cigarrillo u otro peinado. Tal vez otra pareja, y aunque sabes que no funcionará, lo sigues intentando.

Todo esto da pie a la explotación y a las enfermedades físicas y mentales. No hay horas suficientes en el día que compensen tu falta de amor. Nunca habrá un incentivo, título o ascenso laboral que compense tu falta de aceptación y tu falta de compasión hacia ti mismo.

Cuando hablo de aceptación, no estoy hablando de egos engrandecidos e insaciables, y la compasión no tiene nada que ver con mirarse a sí mismo o a los demás desde la carencia o el victimismo. La aceptación tiene que ver con lo que piensas de ti, lo que hablas de ti y lo que te das. ¿Cómo te calificas? Ahí radica la compasión. ¿Puedes aceptar que estás en proceso de aprendizaje, que viniste a aprender a amarte, que estás aquí para recrearte con amor por medio del aprendizaje?

Todo en la vida es una aventura de aprendizaje donde no hay calificaciones. El premio es la experiencia. No hay nada más valioso que eso. Así es como todo ha evolucionado y seguirá evolucionando por medio del aprendizaje y la creación continua.

Puede sonar muy radical decir que estamos aquí para aprender y puedes preguntarte quién pagará el costo de esos aprendizajes. En los negocios es algo que no está bien visto, pero lo cierto es que siempre ha sido así, siempre habrá un día cero para todo y para todos. Nadie se levanta desde arriba. Hay que caer y levantarse. Así comienza todo lo grande y todo lo bueno.

Los costos que nunca deberías estar dispuesto a pagar son los de la desconfianza y la perversidad. Esos sí son costos altos. Todas las corporaciones los pagan a cada minuto y lo saben. El tema es que eso no lo llevan en la contabilidad. Los balances financieros no tienen rubros para estos conceptos. Tampoco hay renglones para la infelicidad y la desconexión laboral. Estos son los principales responsables de la baja en productividad, pero siempre acaban formando parte de algún informe velado por los sistemas de gestión de personal.

¿Por qué no encarar el tema desde las entrañas? ¿Qué temes encontrar ahí? Lo que encontrarías si miraras al fondo de esta situación son soluciones. Nunca debes temer mirar con honestidad el fondo de una situación. Por más doloroso que parezca, es mejor poner luz en lo desconocido y actuar desde ahí. Si continúas aplazándolo no mejorará, nada se transformará, y eso es a lo que estamos llamados todos aquí.

LA SILLA

Los procesos de transformación son tan necesarios como inevitables. Las empresas saben que no pueden permanecer donde están o se quedarán sin oportunidad. La humanidad en general ha despertado y comienza a exigir que su dignidad creativa sea respetada. Aunque no lo expresen como tal, los seres humanos saben que la forma en la que han experimentado lo que llamamos trabajo ha caducado. No hay más espacio para la explotación, ni la autoesclavitud.

¿Sabes lo que es la autoesclavitud? ¿Has aceptado un empleo que se lleva la mitad de tu día para conseguir un cheque que usarás para pagar algo que adormezca el vacío que sientes al saber que desperdicias tu valiosa vida? Estoy hablando del tiempo y dinero que inviertes en redes sociales, alcohol o drogas, encuentros sexuales y medicamentos para remediar tus síntomas de estrés. La lista es larga.

No estoy hablando del tiempo que disfrutas con tu familia o amigos. Tampoco del tiempo que pasas solo o en la amorosa compañía de tus mascotas. Sabes lo que estoy diciendo. Hablo de todo lo que pagas de forma compulsiva y no recreativa. No vives en libertad, hay muchas formas de ser esclavo. No necesitas que te pongan grilletes o cadenas como en el pasado. Hoy la esclavitud es mental y autoimpuesta, solo si lo aceptas.

Lo cierto es que tu identidad creativa y tu genialidad no pueden ser apagadas o secuestradas. Forman parte de tu Ser y eso nadie te lo puede arrebatar. Cuando no las usas para construir, las usas para destruir. Así es como se han fabricado todas las cosas que se usan para ir en contra de la vida.

Por eso este libro se llama *Businessasyoulove*. Este mundo requiere que uses tus talentos y dones en favor del amor; eso significa ir en favor de la vida. Nada menos que eso te puede hacer feliz.

Para recuperar tu libertad solo tienes que activar tus talentos. Todos tenemos talentos increíblemente poderosos. Todos trajimos algo que nadie más puede dar. De ahí parte tu singularidad y también el valor de lo que solo tú puedes aportar. Por eso en este mundo nada parece funcionar como debería, ya que solo unos cuantos están expresándose desde el corazón, que es el lugar donde residen sus dones.

Imagina que vamos a fabricar una silla. Piensa en todo lo que se necesita para fabricar la silla más hermosa que jamás hayas visto. La más cómoda y funcional. Nunca se ha fabricado nada igual en el mundo. Aunque una silla no es en sí nada especial ni representa una tarea de alta dificultad, deberás presentar algo único y original. Para ello puedes contar con toda clase de materiales y herramientas. Todo lo que puedas necesitar ya existe y para ello se te ha asignado un equipo de cinco personas con los que trabajarás durante siete días. Al final de ese plazo deberás presentar tu propuesta.

En el mundo en el que ahora vivimos, esta experiencia ocurriría más o menos así: Comenzarías por conocer a tu equipo de trabajo para revisar sus conocimientos y habilidades. Seguro que revisarías con detalle el proyecto y el plan de trabajo. ¿Qué puede salir mal? ¡Es una silla!

Al día siguiente llegas muy temprano para comenzar y poner en marcha el plan. El gerente de operaciones te indica que habrá que comenzar con los trámites de adquisición de materiales y los correspondientes permisos. Por supuesto, ya se ha hecho cargo de todo. Según la *app* especialmente diseñada para esto, en menos de 48 horas tendrás una respuesta. Para ti, eso es inaceptable. ¿Dos días perdidos en trámites? Por lo que, intentas ponerte en contacto con el departamento correspondiente, pero solo puedes hablar con un chatbot que tiene todo un menú de opciones, excepto soluciones para lo que buscas, por lo que terminas dándote por vencido. Enseguida buscas a tu equipo con la esperanza de adelantar con el diseño mientras ocurre un milagro con los permisos.

En tu equipo hay dos diseñadores que han ganado premios internacionales, eso te hace sentir muy aliviado. Cuando te reúnes con ellos te das cuenta de que cada uno tiene ideas tan geniales como distintas. Tus famosos diseñadores no parecen estar muy de acuerdo sobre lo que se quiere lograr, tampoco se muestran muy dispuestos a ceder. Mientras tanto, el equipo de taller formado por dos especialistas en la fabricación de sillas aguarda mirando su teléfono en espera del proyecto a desarrollar.

Han pasado dos días. No tienes permisos ni materiales. Tienes dos bellos diseños, lo cual habla muy mal de tu liderazgo, por lo que tu paciencia comienza a flaquear. Todos se rascan la cabeza esperando a que hagas algo. Eres el jefe del proyecto, se supone que sabes qué hacer. Los diseñadores ya ni se miran, el equipo de taller ha quedado descorazonado por no tener materiales ni proyecto que realizar, por lo que han comenzado a mostrar comportamientos destructivos. Reafirmando lo que ya establecimos, cuando no eres creativo, eres destructivo.

Por fin te decides a avanzar. Te reúnes con tu equipo, que no muestra una actitud muy dispuesta. Todos sonríen y se muestran colaborativos, pero en el fondo se percibe un ambiente insano.

Cuando pides un informe de avances, el gerente de operaciones te dice que en unas horas tendrás tus permisos y los materiales llegarán al día siguiente. Tus diseñadores exigen que tomes una decisión sobre el proyecto ganador y los maestros de taller se quejan porque no tendrán tiempo suficiente para llevarlo a cabo.

La burocracia digital ha hecho su magia. La competencia de los egos engrandecidos de tus diseñadores parece no tener arreglo. Has desperdiciado tres días/hombre con el equipo de taller. ¡Vaya lío!

Abres tu discurso diciendo algo más o menos así: «Tenemos un retraso de tres días. De seguir así, nos quedaremos fuera del ejercicio creativo. No lo puedo permitir». Todos te culpan por no haber presionado lo suficiente para que el material llegara a tiempo. Los diseñadores exigen ser respetados como "creativos" y el sindicato de taller ha llamado por la queja de los trabajadores. Parece que alguien ha informado de malos manejos al interior del equipo. Tú te preguntas: «Somos seis personas, ¿cómo es que no hemos podido avanzar si todos somos expertos en nuestras áreas?».

Al comienzo de esta breve historia dijimos dos cosas. Primero, el reto era elaborar una silla de diseño original. En segundo lugar, dijimos que todo lo que pudiéramos necesitar para el proyecto estaría a nuestro alcance. Entonces, ¿qué pasó?

Con este sencillo ejemplo quiero ilustrar cuán necesario es abrir el corazón cuando se trata de conseguir tus más caros anhelos (puedes llamarles metas, objetivos o como prefieras). La creatividad solo puede surgir cuando existen las condiciones adecuadas para que lo nuevo surja.

Primero debemos reconocer que la creatividad para resolver los desafíos que la vida nos presenta surgirá de manera natural como resultado de sumar la coherencia, la consciencia y el estado de presencia. Esta es una fórmula infalible, ya que la coherencia inevitablemente te llevará al estado idóneo para que las ideas y soluciones surjan.

Todo es posible si practicas la coherencia. Esto significa saber con claridad qué quieres lograr y las razones que te motivan a buscar esos logros. Cuando tus metas están alineadas con lo que tú consideras importante —el corazón sabe eso—, los recursos llegarán y las ideas fluirán. La acción correcta y precisa estará motivada por eso que llamamos entusiasmo, sin el cual, lo único que harás será cansarte persiguiendo metas que ni siquiera entiendes.

Esto, querido lector, es la historia de la mayoría de los humanos sobre la tierra. Vivimos en el mundo del cansancio, donde esperamos a que llegue el viernes para poder desconectar de aquello que tanto nos aburre y nos aleja de la alegría. Cuando te das cuenta, has pasado 30 años esperando a que el siguiente viernes se presente para rescatarte de la incoherencia en la que has vivido toda tu vida. Esto no pretende ser un juicio, y menos cargarte de culpa. Es una invitación a que descubras el contenido de tu corazón, que es el lugar donde tu alma expresa su más alto potencial.

La consciencia es necesaria para vivir la vida con plenitud, aun cuando lo que estés enfrentando sean problemas. De hecho, la consciencia es necesaria especialmente si tu vida no son más que problemas. Si es tu caso, poner atención y discernimiento en lo que está ocurriendo será lo mejor que puedes hacer. La atención o estado de presencia es esa gran desconocida en el mundo en el que vives y trabajas. Atender con todos tus sentidos lo que está ocurriendo te permite comprender todo con visión amplia. Solo desde ahí podrás entender el origen de esos problemas para generar acciones apropiadas.

Por favor, no olvides incluirte en la solución de esos problemas, eso se llama responsabilidad. Si mientras observas un conflicto lo primero que te viene en mente es: «ahí vas otra vez imbécil», esto te colocará fuera de la solución tanto si estas palabras están dirigidas a otro o a ti mismo.

Nadie es un imbécil. Lo contrario a la consciencia es la inconsciencia, y esto nos lleva al comportamiento que nos hace parecer imbéciles. Hemos pasado milenios desconectados de nuestra consciencia de unidad. Esto significa que vemos a los otros como otros, sin sospechar que estamos más unidos que los gajos de una naranja. También nos hemos desconectado de nosotros mismos, por eso te refieres a ti mismo como imbécil, cosa que haces cada vez que calificas a otro de esa forma. Nada es más irreal en los seres humanos que el pensamiento de no ser valiosos. Por ello, cuando llamas al otro de cualquier forma que no sea: «eres valioso». De igual forma te calificas a ti mismo.

No estoy diciendo que no existan los comportamientos destructivos. Sí los hay, pero estos comportamientos son el resultado del desamor que nos profesamos a nosotros mismos y, por tanto, a las personas con las que convivimos, incluidas aquellas a las que decimos amar.

Ahora me referiré al estado de presencia. La Presencia —con mayúsculas— es la fuerza amorosa que nos sustenta. Es el abrazo cálido que estás recibiendo en todo momento. Cuando te amas y te consideras valioso, puedes apreciar esa calidez; por otro lado, cuando te experimentas carente, que es cualquier forma de pensamiento como: «no tengo…», «no valgo…» o «no soy suficientemente algo…», no significa que esa fuerza amorosa se haya ido o se haya olvidado de ti. Más bien tú te olvidaste de ella. Por eso, solo tienes que recordar cuán amado eres y serás siempre. Nunca careces de nada, excepto si así lo decides tú.

También podemos considerar *la presencia* —con minúscula— desde la perspectiva de ti mismo. Es estar presente para ti y tu experiencia. Este mundo está diseñado para que te ignores a ti mismo, y hoy, más que nunca, esto se pone en evidencia. Las llamadas redes sociales son una forma muy bien diseñada para sacarte del presente. Te autohipnotizas, pasando de pantalla en pantalla sin siquiera darte cuenta. Antes de las redes sociales tuvimos la televisión, los periódicos y la radio, cuya información nunca cuestionaste. Asumiste sin filtrar que lo que te ofrecían estos medios era verdad.

Vivir en el estado presente no es una práctica esotérica; de hecho, es una práctica natural del ser humano. Observar tu cuerpo y las sensaciones que este te ofrece es una buena manera de conectar con el estado de presencia. Otra forma es atender tus emociones y mirarlas como observarías a un niño jugando con sus juguetes.

La forma más amorosa de compartir con tus seres amados es ofrecerte a ti mismo desde el estado presente. Esto significa observarles con tus sentidos humanos y también con los sentidos del Ser. ¿Qué quiero decir con los sentidos del Ser? Mirar a alguien no es solo ver formas y colores. Es mucho más. Mirar con el Ser es conectar con lo aparente y también con lo no aparente. Las emociones no se ven, pero sabemos cuándo alguien está triste observando su mirada.

Puedes saber cuándo alguien está enfadado, aun cuando no haya más que silencio entre los dos. Sabes de lo que hablo. Esto puedes captarlo desde el estado presente. En cambio, cuando estás hipnotizado por tus pensamientos caóticos o metido en la pantalla de tu *smartphone*, estos detalles se te escapan y no te das cuenta de la tristeza que está experimentando tu hijo, o el enojo que sienten tus colaboradores hasta que no quede más remedio que poner atención. Lamentablemente, esto será cuando tu hijo se meta en problemas o tus colaboradores dejen de atender a tus clientes.

Esto último nos regresa al equipo de la silla. Claramente no había conexión con la creatividad; de haberlo habido, los materiales podrían haber llegado de cualquier parte, tal vez de forma inesperada. ¡La E-burocracia ganó! Los diseñadores requerían voltear a verse y conocer lo mejor que el otro podría ofrecer para obtener el mejor diseño de la historia, ese que seguramente podría surgir de la suma de ambos talentos. Los trabajadores en el taller podrían haber mostrado soluciones, dada la experiencia que seguramente tendrían en tal tarea. Quién sabe, de haber sacado la cara del teléfono, se habrían activado la creatividad y la iniciativa. Con suerte habrían encontrado un par de tablones de buena madera esperando en algún almacén. Tú, querido jefe de proyecto, debes saberte capaz de conectar con tus proyectos desde el alma. Desde la consciencia de unidad puedes aprender a confiar en tus habilidades para inspirar el logro común. El problema por resolver es este: no te valoras, no te conoces, no te crees capaz de ser exitoso sin tener que arrebatar a otro el codiciado "premio". En suma, no te amas.

En la era de la inteligencia artificial no hemos aprendido a comunicarnos. No hemos aprendido a colaborar. Compites por un hueso cuando hay todo un banquete esperando por ti. A nuestro equipo de la silla se le dijo que todo lo que podrían necesitar para el proyecto estaba disponible, ¿por qué no lo creyeron? Esta es otra treta del ego, que siempre te habla de carencia, te encierra en una caja y tú lo permites. Cedes tu poder a la burocracia y a la e-burocracia. Seguimos persiguiendo trámites, solo que ahora nos enfrentamos con sistemas, algoritmos y chatbots. Antes era una ventanilla, o dos, o mil. ¿Qué ha cambiado?

Con todo lo que hemos recorrido desde el trabajo rudimentario hasta la era de la información, deberíamos de tener claro que todo es posible. Todo cambia y se transforma en favor de la evolución de la consciencia. En el camino nos encontramos con batallas y guerras derivadas de ideas absurdas como la separación y la carencia. Estas son programas en tu mente y en la mente colectiva, pero son solo errores de percepción, son ilusiones, por eso podemos salir de ahí. Las grandes urbes fueron diseñadas para perpetuar esa conciencia de carencia. Al abandonar la bastedad de la tierra y la naturaleza, que solo nos muestran abundancia y vida, olvidamos de dónde viene lo bueno y lo hermoso.

Si estás aquí, si estás leyendo esto, es porque estás listo para dar el salto. No has venido a adaptarte. No has venido a lograr ser aceptado, empeñando tu identidad creativa a cambio de "irla pasando".

Has venido a darle forma a una nueva realidad. Pero antes tienes que dejar partir todo lo que no sirve. Todo lo que es contrario al amor. El Amor con mayúsculas es la fuerza creativa inagotable que da forma a todo lo bueno. Es la sustancia, la forma y el pegamento de esta nueva realidad. No es que sea nueva en sí. Es el origen, el camino y el destino.

Caminar con las manos en los bolsillos te imposibilita para recibir. Abre las manos, levanta los brazos, abre el corazón. Para diseñar la vida que quieres vivir, basta con decidir *qué quieres vivir*. Si, como yo, ya tuviste suficiente de manipulación y de ponerte al servicio de la voracidad de unos cuantos, déjame decirte que no estarás solo. Si decides dar el volantazo al corazón y salir de tu cabeza, que solo te habla de miedo, encontrarás toda la ayuda que necesites. La mente es un elemento creativo por naturaleza, es su razón de ser.

En la mente colectiva predominan —aunque cada vez menos— todo tipo de pensamientos de miedo. Te muestra escenarios donde no quedará nada más si a tu vecino o a tu compañero de trabajo les va bien. Por eso criticas y juzgas. Por ello sientes envidia. La envidia es otra forma de llamar al pensamiento de carencia. Las críticas son el lenguaje destructivo del desamor y la falta de valía hacia ti mismo. Finalmente, el juicio es solo desconocimiento.

Sal de ahí ahora si quieres darle forma a lo que tú llamas tener una vida plena y realización personal. Usaré estos términos, ya que son muy comunes en nuestro lenguaje a la hora de definir lo que te gustaría que ocurriera en tu vida. Sin embargo, son términos abstractos que podemos reinterpretar dándoles color y textura. ¿A qué me refiero con darles color y textura? Para conseguir tus objetivos, primero tienes que saber con claridad y certeza *qué es lo que quieres*. Segundo, tienes que saber *cuánto lo quieres*, y tercero, solo debes hacer lo necesario para retirar todo lo que no se parezca a tu objetivo. ¿Ves que fácil?... ¿No?... De acuerdo, profundicemos.

Te estoy revelando la forma más simple de conseguir lo que en verdad quieres. Lo que tu corazón en verdad desea experimentar. Probablemente lo anterior te parezca aún más abstracto, difícil de entender y llevar a la práctica. Esto es porque, como dije, no te conoces.

Igual me pasó a mí. Cuando alguien me decía: «conócete a ti misma», no entendía de que me hablaban. Decía en tono airado: «¡Cómo no me voy a conocer, soy yo!». Con el tiempo, y a fuerza de toparme siempre con las mismas situaciones dolorosas, fui entendiendo que no tenía ni idea de quién era. No tenía idea dónde se había quedado mi *yo real* por haberle puesto máscaras que me hicieran funcionar en el mundo de la exigencia cotidiana.

Cuando me decían: «Escucha a tu corazón», sonaba a lenguaje desconocido. Mi corazón nunca paró de hablar mientras yo me perdía en la búsqueda de validación en el ámbito corporativo. Por ello llegué hasta aquí, no sin antes pasar por un cúmulo de desventuras que me llevaron a preguntarme si había otra forma de hacer las cosas. Mi corazón me estaba preguntando si existía una manera mejor de colaborar y crear la vida que quería para mí y mi familia.

Hemos dicho que nada es un error. Tu alma siempre te está mostrando el camino y para ello, es necesario conectar con el lenguaje del corazón. Esto es muy sencillo, pero requiere práctica. Solo detente un momento y permanece en silencio.

Probablemente me dirás: «¿Silencio? ¿De qué hablas? Mi cabeza es una máquina de pensamientos saltando de un tema a otro, ¿cómo llego al silencio?».

Tú crees que ese parloteo no tiene remedio, pero no es así. Esto te lleva a hacerte cargo de ti mismo y decidir con toda firmeza que sí quieres que el silencio se presente en tu experiencia. Levanta la mano y di: «¡Silencio! ¡Este es mi mundo interior! ¡Yo decido quién habla aquí!».

En la vida necesitas firmeza para avanzar. Pues bien, este es un buen momento para mostrar determinación y hacerte cargo de tu mundo interior. Eso significa ser el amo y no el sirviente. El mundo está hecho para sacarte de ti mismo si tú lo permites. Hoy vives en el mundo de las *apps* y las redes sociales, lo que no te das cuenta es que, al vivir ahí, no eres el amo de tu universo, sino un sirviente, un producto, un títere de la voracidad y el consumismo. Aquí te corresponde decidir si quieres vivir ahí o quieres mirar algo mucho más bello, valioso, interesante, creativo y divertido. Me refiero a ti. Si te atreves a descubrirte, encontrarás un universo mucho más grandioso que todo lo que jamás hayas visto. Así es como debes pensar sobre ti, siempre.

PARTE II

BUSINESS AS USUAL

La mayor parte de las organizaciones de hoy luchan con los mismos problemas. «Los empleados no están comprometidos», dicen los jefes y empresarios. Y qué decir de los miles de emprendedores que ven a diario como sus mejores ideas fracasan por falta de: "buenos colaboradores".

Las grandes corporaciones gastan millones de dólares para evitar que sus empleados rompan las reglas. Implementan programas que se basan en excesivos controles que al final son burlados por personal con muy poca astucia. Así dejan ver cuan vulnerables son sus sistemas y marcas; o simplemente desatienden o maltratan a los clientes que con mucho esfuerzo lograron conseguir.

¿Cómo hago para que mi personal invierta su tiempo y talento en hacer crecer mi negocio y mis marcas? Si leemos bien esta pregunta, la respuesta se asoma en cada palabra. Su tiempo y talento; frente a mi negocio y mis marcas.

Entonces, tal vez tengas la tentación de pedir a tu personal que reflexione sobre una frase de algún gurú de los negocios o que memoricen tu visión y tu misión con la idea de inspirarlos. Tal vez hasta les digas que trabajando para tu empresa harán que el mundo sea un mejor lugar, esperando con esto que se sientan comprometidos. Puedes dejar de llamarles empleados y comenzar a nombrarlos "asociados", o ¿qué tal implementar una campaña para permear en la cultura organizacional el lema: "Actúa como dueño"?

Todas estas estrategias pueden funcionar por algún tiempo, pero lo cierto, querido empresario, es que los trabajadores saben diferenciar entre dueños y empleados; saben con toda certeza qué lugar ocupan en la organización. Y, ciertamente, saben que no son socios, ni accionistas y probablemente nunca lo serán.

Tal vez lo que te describo arriba te haga sentir descorazonado o puede que hasta enfadado, ya que te muestra una realidad que parece no tener una salida. Sí hay salida. De hecho, el panorama que te propone esta problemática tiene soluciones que requieren compromiso de ambas partes. Colaboradores (empleados, asociados) y empresarios (inversionistas, emprendedores, patrones) por igual.

Aunque todos sabemos que hay otra manera de relacionarnos, al hacer negocios o buscar un empleo bien remunerado y satisfactorio, siempre pensamos que es imposible. Trabajar y disfrutar son agua y aceite. Estas dos palabras parecen no formar parte de la misma ecuación.

El trabajo aparenta estar asociado a algún tipo de maldición por el que tienen que pagarte o nunca lo harías si tuvieras elección. El trabajo parece ser la fuente de tu mayor angustia y un mal necesario al que todos estamos condenados.

Quizás pienses: «me saldré del sistema y emprenderé. No seré empleado de nadie, seré un espíritu libre y mi propio jefe». Te imagino levantando el puño al decir esto en señal de independencia, solo para darte cuenta más adelante de que dependes de tus empleados. Estás del otro lado, pero no eres el que manda. La realidad es que requieres talento y mano de obra para tu emprendimiento. Si te tomaste en serio como empresario, requieres los mejores elementos para llevar tus propuestas al nivel al que fueron pensadas cuando solo eran ideas en tu mente.

Tal vez digas: «¡No, no no!, para eso están la automatización y los sistemas. El mundo digital es la salida, no dependeré de ellos. La IA hará su magia». Una vez más te darás cuenta de que la magia de la tecnología tiene sus ventajas, pero no puede sanar el corazón roto de un cliente que se irá sin decir nada y si puede, nunca más tendrá que verse la cara contigo y con tu marca.

La verdadera alternativa es evitar a toda costa la dependencia y dar paso a la colaboración equilibrada y mutuamente benéfica. Lo anterior se basa en la claridad de saber quién es quién en la ecuación colaborativa y no en la manipulación, como actualmente ocurre en la mayoría de los acuerdos laborales y de negocios.

A lo largo de este libro encontrarás la otra forma de hacer negocios. La única alternativa y respuesta a todos los problemas que la humanidad enfrenta y que cuando se trata de generar riqueza, no puede quedar fuera. Tendrá que ser así si queremos salir del pantano en el que la sociedad, a nivel mundial, ha estado metida por milenios. Daremos un salto cuántico otorgando un nuevo significado al trabajo y a la realización de los talentos que cada individuo tenemos. Al ponerlos al servicio de un proyecto extraordinario, habrán de ofrecer al mundo productos y soluciones que no hemos visto en toda la historia de la humanidad.

Para ti, amado y talentoso trabajador; esta propuesta requiere de todo tu compromiso y honestidad si quieres formar parte de la nueva forma de colaborar. Con ello darás rienda suelta a ese talento único que por tanto tiempo creíste enterrado en lo más profundo de ti. Sé que perdiste la fe en que algún día podrías entregarlo al mundo y que tendrías que conformarte con el trabajo insulso que ha ido restando brillo a tu vida, pero que mínimamente pagaba las cuentas.

La razón de que este libro exista es la imperiosa necesidad que tenemos los seres humanos de reconectar lo que por mucho tiempo pareció no tener nada en común. *"Éxito a cualquier costo"* es parte de la vieja energía. Es una lección que hemos pagado muy cara y si hay un momento para usar el término ***"Business as usual"*** es justo ahora. Abrirse paso en el mundo dando codazos a los que se pongan en frente es una práctica común y muy popular, aunque ya resulta aburrido hablar de ello. Casi todo el mundo ha presenciado o participado en estas acciones durante nuestras interacciones laborales y personales, así que no hay un solo mérito en avanzar en la vida pisando a los que tienes enfrente. Ese es el camino difícil aunque parezca fácil, y ciertamente no es original. El verdadero mérito está en sacar lo mejor de ti y de otros ante cualquier desafío, y así moverte hacia la grandeza.

La colaboración es por mucho uno de los mayores desafíos de los seres humanos. Cuando se trata de trabajo y en casi cualquier aspecto de la vida que requiera interactuar con otros, parece que el conflicto es el único lenguaje que entendemos y nos resulta cómoda la confrontación. Tanto si hay que decidir el destino de las vacaciones familiares o el nombre del proyecto más importante del año, inmediatamente tendremos una cuerda frente a nuestro oponente y comenzamos a tirar de ella con fuerza, como si en ello nos estuviésemos jugando la vida.

A menudo la energía de que disponemos, la estrategia y creatividad de cada uno, se invierten en tirar de esta cuerda. Nos drenamos hasta dejarnos secos y estériles para dar vida al proyecto que teníamos en común. Otro mecanismo asimismo infructuoso y ciertamente manipulador sería ceder ante tu socio o pareja en aras del "bien común". Esto aparenta ser una solución, pero todos sabemos lo que conlleva este "sacrificio". En algún punto, en los próximos días, durante la cena o en los tribunales, se hará el debido ajuste de cuentas. Todos hemos vivido esto por lo que no requiere mayor explicación.

La alternativa ante esto siempre serán la responsabilidad y el respeto. Con estos dos aspectos del Ser balanceamos la ecuación dejando que la propuesta honesta del otro fluya sin restricciones. Sin embargo, hay algo que comúnmente obviamos cuando se trata de respeto y responsabilidad o cualquier otro valor que intentemos establecer: hay que comenzar con uno mismo. El secreto de las relaciones e interacciones exitosas comienza por el trabajo de conocerse, respetarse y responsabilizarse por uno mismo. Si cada parte de la ecuación hace esto, no tendremos que transaccionar ni ceder ni mucho menos sacrificar a nadie o a nada.

¿Por qué cuando hablamos sobre familia y negocios comenzamos estableciendo que debemos trabajar primero en nosotros mismos? Antes de responder te propongo algunas preguntas más. ¿Alguien que tiene la certeza absoluta de sus valores y sus talentos y se sabe capaz de llevarlos al más alto nivel de creatividad, pensaría en robar las ideas de alguien más? ¿Puede una persona consciente de su capacidad para generar abundancia pensar en destruir la reputación de sus compañeros para lograr sus objetivos? No y no. Si te conoces y te sabes valioso, nunca podrás dañar a alguien más como medio para avanzar. ¡Nunca! Estarás ocupado atendiendo tus proyectos y dando vida a tus más caros sueños. Te ocuparás de rodearte de gente igualmente talentosa, sabiendo que solo así lograrás aún más grandeza por el solo acto de compartir. Tus días se llenarán de acciones para mejorar tus marcas y los servicios que ofreces. No tendrás tiempo para molestar a tu vecino.

Por lo que, para salir de la manipulación y el eterno conflicto, partiremos por tomar responsabilidad por nosotros mismos y respetar, sin excepción, al Ser que tú eres. El ser humano talentoso que está leyendo esto, está completo y no carece de nada.

No me cansaré de repetirlo hasta que te suene como tu más alta verdad. Las herramientas que requieres para darle vida a tus sueños las tienes a mano. Tal vez no las conozcas y habrá que descubrirlas.

Es probable que conozcas tus talentos y tengas grandes ideas en mente. Entonces, tu tarea será darles vida. Tal vez requieras socios y por eso tendrás que ser cuidadoso y selectivo. Tú no quieres rodearte de personas que drenen tu proyecto. Tú requieres personal brillante a la altura de tus metas y eso requiere una inversión de tiempo y recursos. Tómate en serio este paso.

Cualquiera que sea tu situación, tómala como tu punto de partida. Mirar donde te encuentras ahora te brindará información valiosa para dar el primer paso y una vez dado, vuelve a mirar con el objetivo de encontrar nueva información para tu siguiente movimiento. Lo que acabo de describir es la base de este libro y de toda disciplina que se precie de llamarse consciente. En nuestra cultura es muy apreciado lo *multitask*, lo cual nos ha llevado a la neurosis en la que nos encontramos. La propuesta contraria es el movimiento consciente y eficaz y para eso requieres poner atención y dirección. Esto nos lleva de nuevo al respeto como base de nuestras relaciones, principalmente la relación que tienes contigo mismo. Darte el tiempo de sentirte y conocerte con toda consciencia, te proporcionará una clase de bienestar que no has experimentado antes. Al hacer esto podrás darte la oportunidad de sentir y conocer a los demás. Esto se llama respeto.

Si tu socio entra por la puerta y tú estás en modo *multitask*, ya sabrás la calidad con la que se llevará a cabo esa interacción. Si tu cliente o tu pareja son los que aparecen en esa misma puerta y tu sigues mirando el teléfono, mientras pretendes poner atención a lo que te están comunicando, te estarás perdiendo algo importante, te lo garantizo. Cuando salgan por la puerta o mejor dicho de tu vida, te enterarás de que se trataba. Seguro que me entiendes.

Estamos dando las primeras pinceladas de un enfoque distinto al arte de trabajar y hacer negocios, donde la parte más importante siempre serás tú y todo lo que esté a favor de la vida. *Businessasyoulove* es mi propuesta a favor de la vida y para eso no hay otro modo de hacerlo que no sea por medio de la práctica del amor. Ya dijimos que amar es cuidar, amar es respetar. Amar es crear valor por medio de tus talentos y dones. Hazlo para ti y para los que te importan. Esto hará que, como onda expansiva, generes el cambio del que tanto has estado hablando y no sabías como implementar.

Para ir algún lugar primero tienes que saber con toda claridad adónde quieres llegar, esto puede parecer obvio, pero rara vez sabemos con certeza qué es lo que queremos alcanzar. Perseguimos objetivos que no tienen sentido y por ello cuando los logramos —si es que un día lo hacemos— no podemos recordar en primer lugar para qué los queríamos. Esto es descorazonador, y por ello te sientes vacío cuando llegas ahí. Cansado, clavas una estaca en la cima de tu preciada montaña y cuando te giras para comprobar el camino recorrido solo ves devastación. Tu salud se ha mermado, tus verdaderos talentos fueron olvidados varias millas atrás, y tus relaciones más significativas murieron por falta de atención y cuidado.

Por ello es fundamental que te tomes el tiempo de investigar con toda certeza *qué es lo que en verdad quieres* y lo más importante, *para qué lo quieres*. ¿Qué es lo que te aportará lograr ese objetivo? ¿Qué parte de tu vida se beneficiará con ello? Todo surge de hacer las preguntas correctas y, consecuentemente contestarlas con honestidad.

Este debe ser un proceso consciente ya que, si te vas a embarcar en una aventura que puede requerir toda una vida o parte de ella, sería bueno para ti tomar el tiempo necesario en este paso. No puedes obviarlo si es que te tomas en serio tu vida; y claro que lo haces o no estarías leyendo esto.

Dentro del proceso debes hacer el esfuerzo por alinear tus valores internos a tus metas. Estos valores serán las coordenadas que te guiarán en todo el proceso para que evites estar dando vueltas durante cuarenta años en el desierto. Si haces esto con sumo cuidado, ahorrarás tiempo y tendrás un beneficio aún más importante: Disfrutarás del proceso. Este no es un tema menor, disfrutar durante todo el trayecto es, en definitiva, la mejor definición de éxito. Si para llegar a la cima te perdiste del paisaje, habrás fracasado. Si para llegar al punto más alto de tu "Everest" tuviste que anestesiarte con litros de café, alcohol y fármacos, habrás desperdiciado tu vida.

Cuando hablo de amor —y este libro habla de amor en todas sus páginas— deberás poner todo de ti en cada proceso. Se que la sociedad actual te dice que los negocios y el amor son incompatibles. Crees que tienes que ser un lobo despiadado para llegar a la cima o de otra forma la competencia te destrozará. Piensas que no tendrás oportunidad de triunfar sino estás dispuesto a "cargarte" a todo aquel que se interponga entre tu objetivo y tú. El cine y la televisión están llenos de estas historias y tú te lo creíste, por eso te ha sido imposible considerar hasta ahora que el amor es fortaleza. Piensas que amar te hace vulnerable y eso te da miedo, pero es todo lo contrario. Pensar que destruir al otro es necesario para tener éxito en tu carrera o negocio —aunque ese otro sea tu mejor amigo o tu pareja— es lo que ha puesto al mundo en donde hoy se encuentra.

Cuando me estaba estrenando en labores gerenciales escuché muchas veces la siguiente frase: «te falta malicia». Con esto me decían que debía joderme a cualquiera que no estuviera de acuerdo conmigo y supongo que con esto también me decían que no tenía lo que se requería para ser parte de todo aquello. Era verdad, nunca pude ser parte de todo aquello. Me revelé con todo lo que pude y tuve que pagar un alto precio por ello.

Así que este primer paso habla de fijar la meta asegurándote en todo momento de que no estás dispuesto a pagar precios estúpidos para conseguir lo que te propones. Por el contrario, todo lo que tú eres, todo tu magnífico ser, estará al servicio de conseguirte la vida que tu corazón quiere y merece experimentar. Si has contemplado fundar un empresa multimillonaria o convertirte en el CEO de alguna de las corporaciones más influyentes del mundo, solo asegúrate de saber para qué lo quieres conseguir. Si viajas a la profundidad de tus *para qué's* siempre llegarás al mismo punto. «Quiero ser feliz, quiero sentirme amado y valorado, quiero saber que mi vida vale y tiene sentido». Entonces, «ser feliz es igual a sentirme amado, lo que es igual a sentirme valorado, lo que es igual a saber que todo mi camino tuvo sentido y por eso quiero ser parte de algo importante y, finalmente, por eso quiero ser CEO». ¡Ah!, ahí tienes la respuesta.

No te confundas, no hay nada de malo en llegar a dirigir una gran empresa o fundarla y hacerla crecer. Esto es necesario para el desarrollo del mundo y para la continuidad de la vida —aunque sabemos que muchas empresas van en contra de la vida—, por eso es necesario alinear los valores con la meta. Tu no quieres ser parte de los que destruyeron o enfermaron a la sociedad, y en caso de ser así, justo por eso llegaste a este libro.

Entonces, ¿cuáles son las creencias inconscientes que nos llevan a trabajar en condiciones de opresión y conflicto? Esta es la primera pregunta que nos plantearemos, la segunda es ¿qué mentalidad opera dentro de quienes piensan que la opresión y la manipulación son las únicas alternativas para lograr el éxito? Y la tercera y más importante es ¿cuál es la alternativa a todo esto?

La primera y la segunda pregunta tienen la misma respuesta. Miedo. El miedo ha calado en todo lo que vemos y respiramos. Es el motor de la mayor parte de las decisiones que tomamos y que nos llevan o bien a ser opresores u oprimidos. Sin el miedo esto no existirá más. Crees que estás sujeto a lo que la sociedad te exige, y para cumplir esa exigencia debes tener y decir cosas que se apeguen a ese estándar. No es así.

Nuestro sistema de creencias es completamente obsoleto, pero pretendemos seguir operando con él, esperando que las cosas cambien algún día por sí mismas y que nos lleven a un lugar mejor como humanidad. No habrá cambio sino dejamos atrás el viejo y rancio sistema de voracidad, apariencia y competencia; y damos paso a *la unidad, coherencia y colaboración*. Las tres son condiciones que preceden al establecimiento de un sistema que funcione para dar continuidad a la vida en este planeta. Supongo que ya nos dimos cuenta de que, si sostenemos el estado actual del planeta, no llegaremos muy lejos. Esto no es una declaración apocalíptica, basta con observar la calidad del aire y el agua de que disponemos, y el lamentable estado de salud de la mayoría de los seres humanos y animales sobre la tierra.

No podemos seguir siendo los adolescentes inconscientes y caprichosos que hemos sido por milenios enteros. Es hora de madurar y arremangarnos la camisa para poner todo en su lugar y arreglar el desastre que hemos causado.

Crear empresas conscientes no solo es necesario, sino urgente. Replantear la forma de colaborar dentro de esas empresas impactará en las familias de quienes invierten su tiempo y talento dentro de ellas. Eso nos llevará a un lugar que hasta hoy nunca hemos visto. *"Crear valor significa llevar lo que proporciona bienestar y desarrollo a las familias".* Nada más puede ser llamado de esa forma.

Si la empresa que quieres fundar está ligada a los alimentos, a las leyes o a embellecer los cuerpos o rostros de las personas, no es importante. Todos tienen espacio y son necesarios. Decir que uno es más espiritual o necesario que otro, es meternos una vez más en el juego absurdo del que queremos salir. El planteamiento correcto es poner la intención más alta, el bien mayor y la idea más sublime a la hora de generar ideas creativas que den solución a los problemas más profundos, pero también a los más cotidianos.

Producir alimentos suficientes y de calidad es urgente. Todos nos hemos percatado de lo que cuesta a las familias hacerse con lo indispensable si se trata de alimentación. ¿Te has dado cuenta como se alimentan las familias de hoy? Es más fácil para ellos comer algo de una caja o una bolsa, que poner un plato de vegetales en la mesa. Y qué decir de productos de origen animal o cereales de calidad. Así que si quieres dedicarte a la producción consciente de soluciones en alimentación serás guiado para hacerlo.

Si por otro lado, estás formado en leyes, seguramente te has enfrentado a lo que significa llevar justicia a la sociedad actual, si es que se puede llamar justicia a lo que sucede en los tribunales de hoy en día. Hay mucho que hacer. La igualdad de oportunidades para el desarrollo y la equidad deben prevalecer; y un sistema que funcione para ello debe ser creado si queremos acceder a la paz. No estoy hablando de socialismo, estoy hablando de consciencia de unidad.

Y qué pasa si tus talentos hablan de embellecer. Qué tal si se trata de ayudar a que las mujeres y hombres luzcan hermosos.

Tal vez que corrijan algunos defectos que merman su autoestima y, consecuentemente, limitan su estado de bienestar mental y sus interacciones cotidianas. Todos sabemos el efecto que tiene un buen corte de cabello o un hermoso maquillaje en el rostro de una mujer, más si ella se siente cansada y desgastada por lo cotidiano del hogar. Estoy hablando de autocuidado.

Estos ejemplos son soluciones a problemas reales. No estoy hablando de vanidad, ya sabes a donde nos lleva eso. La voracidad, la acumulación y el pensamiento de escasez son los que han hecho que todas estas soluciones viren a ser problemas una vez más. Tienes que estar atento y consciente para no caer de nuevo en la idea de que mejorar tu apariencia física es la solución a tus problemas de autoestima. Tienes que trabajar tu alma o el corte de cabello solo será una solución efímera y temporal que no perdurará. Por el contrario, te llevará a la espiral descendente de depresión y búsqueda de otra solución vana; situación que, por cierto, será muy bien aprovechada por los sistemas de publicidad basados en la manipulación de muchas empresas.

La solución está en volvernos una sociedad consciente que reconozca los problemas como oportunidades. Así podremos ejercitar la creatividad para crear verdaderos proyectos de inversión que generen valor para todos los involucrados. De esta forma, inversionistas, legisladores y la sociedad en general evolucionarán haciendo que los países prosperen sin devastarse unos a otros.

LOS CABALLOS

Cuando se trata de hacer crecer la tierra que se te dio para labrar; y esto puede ser cualquier lugar donde te encuentres ahora, puedes comenzar por poner atención a lo que tienes en frente. En mi caso se trató de mirar la devastación física y emocional en la que me encontraba al salir del ámbito corporativo, para después observar con honestidad cómo es que llegué a tal situación. Después solo fue cuestión de mirar a mi alrededor y ver la condición en la que se encontraban la mayor parte de las personas de mi entorno.

La propuesta de esto es la siguiente: mira a tu alrededor, tu casa, tu barrio, el lugar en donde trabajas. Observa los desafíos de tus amigos y conocidos. Pon atención para identificar cuál es el origen de sus problemas y después, toma distancia de ello. Mira como si sobrevolaras la situación, ¿Cuál es el tema de la película que estás viendo?

Si haces el ejercicio de mirar con atención, verás muchas oportunidades para emprender por tu cuenta respondiendo a las necesidades que tienen tus vecinos o tu comunidad. Si estás en el mundo empresarial, siempre habrá que reinventar la forma en la que se crean las cosas para llevar mejores productos y servicios a los clientes y hacerlo de forma que sea rentable para todos.

También será necesario reflexionar para dar con las razones que te impiden emprender o dar una solución creativa a los desafíos de la empresa para la que trabajas. En otras palabras, observa tus muros. Estos pueden ser solo ideas en tu mente, pero no por ser solo ideas, no se sienten como muros altos e impenetrables que te detienen para llegar a tu meta. Debes identificarlos, observarlos y ver de qué material están hechos si quieres derribarlos. Pueden ser ideas, creencias, condicionamientos, miedos, etc. Desmantelar una idea limitante suele ser más difícil que derribar un muro de acero y concreto de varios pies de altura, por ello la autoobservación es necesaria. Solo observa sin juzgar para que puedas avanzar.

Otras veces tendrás que tratar con desafíos para conseguir recursos financieros, tecnología o personal especializado. Tal vez tengas que regresar a la escuela y formarte en áreas que no te entusiasmen mucho, pero requieres desarrollar ciertas habilidades y tendrás que hacerlo sin chistar.

Todas estas acciones saldrán a la luz una vez que mires con honestidad dónde estás parado y cuáles son las herramientas con las que cuentas y cuáles no. La buena noticia es que no hay desafío que no tenga ya implícito su propio paquete completo de soluciones. Nunca estás ante situaciones imposibles, a menos que así lo creas.

En mi caso, lo que veía a mi alrededor era que, si bien la gente tenía mucho talento y recursos intelectuales únicos y sorprendentes, no tenían ni idea de ello. Otros, aunque los identificaban, no sabían cómo emplearlos. Los que sabían de sus talentos y de cómo ponerlos en práctica, no sabían dónde hacerlo y por ello acababan siendo presas de la explotación o, peor aún, vinculados en organizaciones que iban en contra de la vida. Otros, simplemente, se conformaron con realizar trabajos que no tenían nada que ver con quienes ellos eran y eso los hundía en la más completa desolación toda su vida.

¿En cuál de los grupos anteriores te coloca tu situación actual? Me alegra decirte que cualquiera que sea tu estado, tiene solución y es la razón por la que has llegado a este libro.

Los caminos son muchos, pero debo decirte que requieres de mucha valentía que ciertamente ya tienes. Has llegado hasta aquí viviendo en la ilusión de contar con muy poco o tal vez nada. Eso debes reconocértelo y abrazar cada parte de ti por ello. Todos fuimos programados durante milenios para mantenernos inconscientes de quienes somos, así que no debes sentirte mal por no saber nada de tus recursos internos. Tú ya estás despierto, abriste los ojos y es por lo que se te presenta la oportunidad de hacerte responsable de ti mismo. Echa a andar toda tu maquinaria intelectual, emocional y espiritual en favor de este gran proyecto que es tu vida.

Puede que desde donde te encuentres ahora sientas que no tienes las fuerzas para volver a comenzar. Tal vez sientas que si te mueves un poco, solo te hundirás más y eso te paraliza. Eso es porque has dejado de confiar. Has dejado de respirar. Estas aguantando la respiración por lo que ya no piensas con claridad. Tal situación solo puede terminar en un solo lugar sino hacemos algo al respecto. Me refiero al pánico y la ansiedad. ¿Lo has experimentado? Yo sí. En varias etapas de mi vida sentí que todo estaba perdido y que para donde me moviera solo causaría otro desastre. Cuando me siento así solo hay una salida para mí. Moverme.

No importa hacia dónde. No importa si solo queda una pequeña gota de luz en tu interior. Con eso bastará. Por contradictorio que parezca, esa pequeña luz que está contenida debajo del miedo y la vergüenza que experimentas por sentirte perdido, es justo la única que te puede sacar de donde estás si aprendes a usarla a tu favor. Si lo piensas, el miedo y la vergüenza son emociones que guardan una energía muy poderosa. ¿Se sienten reales, cierto? Ahora imagina que esa energía que sientes en tu pecho, que puedes reconocer como ansiedad o incluso depresión, puede ser utilizada por ti mismo para sacarte de ese pantano.

Imagina que puedes tomar todas esas emociones y depositarlas en esa pequeña gota de luz. Es diminuta pero con ella bastará. Aunque puede parecer apenas una chispa, ahí está contenida toda la sustancia que necesitas para salir de tu depresión. Esto es así porque tiene toda la fuerza del desprecio que sientes hacia ti mismo. Puede ser tan destructiva, como constructiva. Depende de cómo la uses. Al final es energía.

Esa última gota contiene todas tus emociones más profundas y oscuras. Aquellas que has sentido por ti y por otros. Esas que no te atreverías a mencionar a nadie. Son pensamientos que te has esforzado por esconder en lo más profundo de ti. Emociones que cuando imaginas que alguien podría enterarse de ellas, aprietas el estómago aún más en un intento por sofocarlas. Imagina toda la energía que hay contenida en ese esfuerzo por reprimir lo que sientes. Eso es lo que provoca tu depresión. Tu ansiedad en realidad es energía vital que no has aprendido a canalizar.

Ahora piensa por un momento. ¿Quieres seguir ahí? ¿Cuánto tiempo podrás resistir sin respirar? Al tomar consciencia del cansancio profundo que experimentas, sabrás que en realidad no quieres seguir así, solo que no sabes cómo parar. No sabes cómo avanzar en otra dirección. Sin embargo, si lo piensas detenidamente, en realidad sí lo sabes. Siempre has salido adelante. Siempre, siempre, siempre, has podido resolverlo. Esta vez lo harás mejor.

Ahora haremos alquimia. Observa con atención y abre tu corazón. Respira profundo y piensa en un caballo salvaje. Un hermoso y enorme caballo. Acércate a él y pídele que te ayude. Confía. Ahora toma tu gota de luz mientras piensas en toda la fuerza que ella contiene. Con su permiso y con todo el respeto y honor que esta majestuosa criatura posee, viértela sobre su cabeza. Pídele que te ayude a salir de ahí. Él sabrá qué hacer. Nunca en realidad has estado solo. Nunca se dará una situación en la que no puedas pedir ayuda y, al hacerlo, esta se te concederá.

Te invito a hacer esta meditación con toda la intención de transformar tus emociones más profundas. Si aprendemos a canalizarlas sin juzgar si son buenas o malas, veremos desde la neutralidad que hemos estado enfocándonos en las situaciones que ya no queremos más. Muta. Transfórmate y avanza.

¿Has visto el movimiento de los caballos salvajes cuando corren libremente por las praderas? Si observas detenidamente te darás cuenta de que estás presenciando un milagro.

Ellos no compiten, se mueven como si fueran un solo ente ya que de hecho lo son. Se mueven con toda perfección porque ninguno está pensando en si deberían de ir más adelante o más atrás. No piensan si el líder está preparado o si merece ir al frente. No se preguntan si son apropiados para formar parte de la manada. Corren conectados por una fuerza que los une. Tienen un objetivo que solo se cumplirá si cada uno está concentrado en ser quien tiene que ser. Estos seres pueden alcanzar una velocidad máxima de 88km/h y, al hacerlo, nos ofrecen un espectáculo tan mágico como ellos mismos pueden serlo.

¿Has tenido esta experiencia en alguno de los proyectos de los que has formado parte? ¿Te imaginas llegar a tu trabajo y saber exactamente lo que tienes que hacer? Imagina sentir entusiasmo por la tarea que tienes en frente. Piensa en cómo sería comunicarte con cada uno de los miembros de tu equipo de trabajo, confiando en que cada uno hará su parte y que todos, sin importar la tarea que les haya sido asignada, sabrán llevarla a cabo.

Esto no es un sueño, querido lector, pero sí se requiere un milagro para llevarlo a cabo. El milagro que requieres es la aceptación absoluta y plena de que naciste con dones y talentos únicos. Nadie puede hacer las tareas que tú tienes que hacer. Es verdad que muchas personas pueden llevar a cabo las tareas que tienes asignadas, y también es cierto que siempre habrá quien quiera hacerlo por menos dinero. Esa es la base de la explotación y de ello todos somos responsables. Sin embargo, nadie puede hacerlo como tú. Nadie logrará lo que tú puedes lograr. De ahí nace el valor de lo que puedes darle a un proyecto. De ahí surge que, lo que tienes para entregar, no podrá ver la luz sino es a través de ti.

Si aceptas el valor único de ti mismo sin compararte con los demás, no puedes competir. Si no compites, entonces puedes colaborar, y si puedes colaborar, puedes crear. Si puedes crear, podrás conocer la grandeza porque cuando compites, te menosprecias. Estás afirmando que no eres suficientemente bueno y por eso tienes que probarlo. Cuando compites te haces daño y al hacerlo disminuyes tu potencial, ya que la energía que tendrías que usar para crear la drenas al esforzarte por imitar a alguien más. Con ello te pierdes de ser quien tú eres y con eso todos perdemos.

Cuando colaboras ganas. Esto sucede porque tu energía está concentrada en ti y desde ti la otorgas al proyecto que tienes en común con los otros. Esos otros se ocuparán de lo suyo otorgando lo que tienen para así lograr el objetivo que comparten. Nadie en esta ecuación puede salir perdiendo ya que el intercambio sucede por retroalimentación: das y recibes. Al hacerlo no puedes sino experimentar dicha. Ahora sabes lo que siente un caballo salvaje. Te invito a meditar en ello y verás un milagro antes de que caiga la tarde.

Puedo adivinar tu pensamiento al leer las líneas de arriba. Suena más o menos así: «Ya, ya... eso suena muy bonito, pero no somos caballos. El mundo en el que nos desenvolvemos sí que es salvaje. Hay que cuidarse la espalda, no sea que en un descuido alguien se quede con lo tuyo». Y justo aquí es donde nos encontramos con el paradigma que sostiene el mundo en el que vivimos. No hay suficiente para todos y por eso tenemos que competir. ¿No es así?

Desmontar el pensamiento de escasez es una de las ideas centrales de este libro. La escasez es un montaje del sistema para justificar casi cualquier acto en contra de la vida. La buena noticia es que, como todo lo que el miedo usa, no es más que una ilusión y por eso puedes irte despidiendo de ese argumento desde ahora, o mejor dicho lo desmontaremos juntos.

Te doy algunos datos para que veamos de qué estamos hablando. La riqueza mundial esta tasada en doscientos veintitrés mil billones de dólares. El 20% más rico tiene el 94% de la riqueza, 80% no tiene nada o casi nada para la educación o la salud. Dicho de otra forma, las trescientas personas más ricas del planeta tienen lo mismo que tres mil millones de personas. Aunque estos datos no son exactos porque la riqueza mundial no puede ser limitada ni tazada, estoy segura de que sabes a donde quiero llegar. El problema de nuestro mundo no tiene que ver con la riqueza o la pobreza, la abundancia o la carencia. El problema es la acumulación, la cual tiene su origen en el miedo.

Ahora te pregunto, ¿Cómo es que trescientos lo tienen todo y el resto no tiene nada? ¿cómo es que tres mil millones de personas se rinden a trescientos ¿no tiene lógica, cierto? Una vez que dejes de creer en la carencia y que entiendas que son solo ideas en tu mente, dejarás de mendigar por ese empleo que solo te esclaviza. Esa esclavitud es voluntaria y autoimpuesta.

El trabajo, aunque está afuera viene de adentro. Viene de los deseos de tu corazón y es una manifestación de tus creencias. En la actualidad es mucho más fácil tratar este tema sin que por eso tengamos que ser etiquetados como locos. Hoy podemos afirmar que la autoimagen determina como te desenvuelves en la vida. Creer que tu vida es un asunto de azar o de buena y mala suerte, te coloca en los tres mil millones que no tienen nada. Tomar responsabilidad por como piensas de ti y de lo que creas desde tu mundo mental y espiritual, te coloca en la posibilidad de hacer mucho al respecto para experimentar y desarrollar todo tu potencial. De otra forma te sujetas y cedes tu poder a los trescientos.

Darte a la tarea de conocerte y saber de qué estás hecho no es un asunto menor. Es, de todas las tareas de la vida, la única que no debería ponerse para después. Explorarte y estudiarte requiere que estés consciente y atento a lo que pasa en tu mundo mental, que es de donde parten tus palabras y acciones, y que de un modo consciente o inconsciente te devuelven las experiencias que tienes.

Una vez más te imagino rascándote la cabeza preguntándote a dónde va todo esto y qué rayos tiene que ver con el trabajo y los negocios. Todo. Tiene todo que ver, te explico por qué.

Al darte la imagen de los caballos moviéndose en unidad, quise construir para ti la imagen más alta y bella de lo que es la verdadera colaboración. Cada uno ocupa el lugar que tiene que ocupar. En el movimiento de los grupos de caballos, cada uno se sabe parte y todo. Algunas veces son líderes, otras seguidores. Cuando hay una cría todos la protegen y la animan con su energía para que se desarrolle en armonía. No importa quien sea la madre o el padre de este pequeño ser, todos lo guían y lo protegen sin distinción. Las características únicas de cada uno sirven para los objetivos que persiguen con su movimiento en perfecta cadencia. Ofreciéndonos un espectáculo sin precedentes, cada uno se expresa respetando su singularidad y la singularidad de los otros caballos. De hecho, ni siquiera piensan en otro como otro, sino como parte de sí mismos. ¿Hermoso, cierto?

Bien, manteniendo esa imagen en tu mente te invito a pensarte siendo un caballo. Formas parte de ese grupo que corre libre por las praderas más hermosas del planeta. Todo es perfección. Eres un ejemplar que muestra su belleza única y salvaje. Siente como esa fuerza salvaje dentro de ti es pura y original. Partió de la fuente que anima tu corazón. De hecho, escuchas tu corazón latir con fuerza para darte la potencia requerida para todo el trayecto. Tu mente es La Mente del grupo. No se expresa de forma individual, por eso tus músculos y movimientos se sincronizan con tus compañeros de viaje. Obsérvate siendo parte y todo de aquello. Disfruta el viaje, disfruta el aire que apoya todo el trayecto siendo parte de lo mismo. La tierra que se alborota por acción de esta fuerza también forma parte de aquello. Los árboles, la hierba, los demás animales y el cielo forman también parte de ese todo. Tú eres ese Todo. Así es como los seres humanos debemos pensar de nosotros mismos, solo así podremos parar de hacernos daño.

Como establecimos antes, el trabajo es por mucho la fuente más importante de dolor mental y emocional, ya que es ahí donde pasamos la mayor parte de nuestra vida. Antes de eso estuvo la escuela que es por definición otra fuente de angustia que desde muy pequeños va apagando la originalidad de los niños y jóvenes. Es ahí donde la mayor parte de los dones y talentos que traías se fueron velando.

Para salir de la conciencia de depredación en la que está metida la humanidad, es preciso pasar a la conciencia de creación.

Es necesario volver a la fuente. Volver a las bases es recuperar los principios fundamentales que son el origen de la conciencia de dar vida. Es requerido que entiendas que cuando vas al trabajo o generas un nuevo negocio, estás dando vida. Si eres empresario consolidado eres vida, no solo fabricas productos o brindas servicios, estás generando vida. ¿Lo habías pensado?

Por supuesto también puedes encontrarte en el otro polo, puedes estar generando destrucción. Muchos lo hacen a través de sus productos, no solo las drogas están en este grupo. La mayor parte de los alimentos procesados generan enfermedades, y para producirlos ensuciamos el agua y el aire. También están algunos medicamentos. Muchos han demostrado ser dañinos y responsables de diversos trastornos, mientras enriquecieron a las corporaciones de donde salieron. No es válido generalizar, solo investiga un poco lo que estoy planteando aquí. Usa tu discernimiento.

También están las corporaciones basadas en la explotación. Esto tiene que cambiar y para ello es que te hablo sobre estos temas. El salto de consciencia que requerimos para resolver los problemas más profundos de nuestro mundo, surgirán de ti y de mí. Tendremos que afanarnos en tal tarea. No solo lo haré yo por medio de estas palabras, lo harás tú al abrirte a la verdad absoluta de que lo que viniste a hacer aquí es a dar vida por medio de tus proyectos más elevados.

Pues bien, llego la hora de hablar de soluciones. Prepárate para leer algo que nunca has leído. Será mágico.

PARTE III

MINDSET BUSINESSASYOULOVE

La plataforma de soluciones que ahora te propongo es simple. No tendrás que hacer ningún trabajo intelectual para comprender lo que aquí te explico. De hecho, lo que si te pediré es que abras el corazón, y dejes a un lado el razonamiento lógico, al menos por un momento. Esto si puede ser un desafío, ya que llevamos mucho tiempo viviendo desde nuestras cabezas y el pensamiento estorba a la hora de ser creativo e innovador. Es verdad, los grandes genios de la historia no adelantaron nuestro mundo desde la cabeza. Einstein, por ejemplo, o el gran Nikola Tesla, fueron hombres sencillos de corazón. No es que no fueran inteligentes, lo eran. Pero no más que tú y que yo. Sé que puede ser difícil de creer porque lo miras desde una sociedad que mide la inteligencia por datos. Eso es muy limitado y encierra una vez más en pequeñas cajas a los seres humanos diciendo: «Tú sí… y tú… ¡lástima! Haber llegado antes a la repartición de dones». No es así, nadie carece de nada, excepto en la ilusión de escasez que como dijimos no tiene sentido. Deberás negarte a creer en ello todas las veces que aparezca por tu cabeza el absurdo pensamiento de: «no soy bueno en matemáticas», «la tecnología no se me da», «los idiomas no son lo mío», «la lectura me da sueño», «hablar en público no, soy muy tímido». Y un largo etcétera de creencias limitantes.

Puede que requieras practicar, investigar, estudiar o exponerte a situaciones nuevas. Todo eso puede ser necesario, pero lo lograrás con compromiso y responsabilidad. Finalmente te digo que es imprescindible creer en ti. Nada lograrás al empequeñecerte.

Las claves de la plataforma de creación de negocios exitosos y colaboraciones productivas se encuentran en la sabiduría del universo. Podemos decir que no son de este mundo porque en este mundo casi nada funciona. Se que puede ser una aseveración fuerte, pero solo mira a tu alrededor y dime si ves algo distinto. Si es así por favor toma el teléfono y llámame, has encontrado un pedacito de cielo y debes atesorarlo. Hazlo crecer. Estaré feliz de acompañarte.

Para quienes no han saboreado las delicias de saberse un Ser Completo, o la belleza de crear a favor de la vida mientras te recreas en el descubrimiento de tu más alto potencial, aquí desarrollaremos los pilares para que pongas tu emprendimiento multimillonario y genial sobre estas bases. Te aseguro que nada podrá derrumbarlo aunque vengan las más fuertes tormentas. Vamos… ambos sabemos que esos días también vendrán, pero tú estarás listo.

Antes de empezar a desarrollar estas ideas me gustaría añadir que por muchos años me experimenté en el grupo de los incompletos y que ahora me encuentro transitando junto contigo en el descubrimiento de mi más alto potencial. No soy un gurú de los negocios, ni pretendo serlo. Solo se me ha pedido compartir contigo mi experiencia y las soluciones que fui encontrando en el camino.

Desde lo más profundo de mi corazón deseo que estas ideas toquen el tuyo.

LA EVOLUCIÓN DE LA CONSCIENCIA

Albert Einstein afirmó lo siguiente: *"Ningún problema puede ser resuelto desde el mismo nivel de consciencia con el que se creó"*. ¿Qué quiso decir este sencillo y poderoso hombre? Desde esta incomprendida frase te revelo parte del camino que transitaremos en esta propuesta.

Si queremos construir bases sólidas que construyan y no destruyan, será necesario trascender el impulso de depredación que ha sido por milenios el modo en el que operamos. Recuerda que estamos en la tarea de sanar nuestras relaciones en todos los ámbitos de nuestra sociedad.

Como ya establecimos, este impulso depredador tiene su base en el miedo y en la carencia. Ambas son grandes falacias, y justo por eso parecen reales. Esto es porque se ocultan tras la fachada de un gran montaje que, a fuerza de ser repetido milenio tras milenio, parece ser verdad pero no lo es.

El impulso depredador nace de nuestra historia milenaria y es biológico, pero solo es programación. Ciertamente somos biología, no negaremos eso aquí. De hecho lo tomaremos como base para sustentar estas ideas. Las moléculas, que están formadas en la base de electrones, protones y neutrones, se mueven a razón de la consciencia formando elementos. Estos a su vez forman las células y luego los órganos, para finalmente configurar los sistemas que te constituyen como un ser humano. Hasta aquí. No complicaremos más la idea.

Si entendemos esto, podemos comprender que nuestro cuerpo se crea y recrea en base a ese movimiento de consciencia;

entonces nuestro cuerpo es consciencia expresada de una forma determinada. Nuestras células están formadas por agua y elementos químicos que a su vez forman vida mediante la consciencia. En el agua de nuestras células está la memoria del universo con toda su historia. Esto nos indica que la memoria del universo con todas sus anécdotas está contenida en ti. Tanto el impulso depredador como el impulso creador permanecen latentes y tú te decantarás por uno u otro a partir de eso que llamamos niveles de consciencia. Por eso este libro es sobre la consciencia, porque no podremos resolver nada en nuestros trabajos ni en ningún aspecto de nuestras vidas si no edificamos nuestra consciencia.

Se que puede sonar muy complicado o quizá algo que solo pueden hacer los genios y los intelectuales, pero no es así. Ahora mismo al yo escribir y tu leer, estamos haciendo un movimiento de consciencia, lo hacemos todo el tiempo porque todos formamos parte de esa *Consciencia*, pero no todo el tiempo nos enteramos de ello. De hecho la mayor parte del tiempo estás dormido, vives inconscientemente.

A partir de ello podemos entender el vernos a nosotros mismos haciendo y pensando sin percatarnos de nada, para luego sorprendernos de como llegamos ahí. Todos hemos dicho en algún momento: «¿Qué estaba pensando cuando dije o hice esto?» Bueno, diremos que tus elecciones te llevaron ahí. Si vives de un modo consciente, tomarás decisiones conscientes y tendrás que hacerte responsable de sus consecuencias. Por otro lado, si vives de un modo inconsciente, tomarás decisiones inconscientes y también tendrás que hacerte responsable de las consecuencias. Aquí es donde te rascarás la cabeza y dirás: «¡qué rayos!»

Ahora te pido que lleves tu mano al corazón y digas: «me amo y me perdono». Dilo con fuerza desde lo más profundo de tu Ser. Esto te permitirá mirar la historia de tu vida con amor y compasión, sabiendo que hiciste lo que hiciste desde el nivel de consciencia que tenías. Nada pudo ser distinto. Ahora, después de decir: «¡qué rayos!» o «¡*Wow*! Me gusta lo que estoy experimentando»; puedes mirar con consciencia los aprendizajes del camino. Esto te convertirá en una persona un poco más consciente y sabia. Es decir, te moviste a la responsabilidad y eso te habilita para ir más allá de la antigua versión de ti mismo. Este es un proceso continuo y es parte de las tareas de la vida. Estoy hablando de la evolución de la consciencia.

Ahora, si en vez de mirar tus efectos o consecuencias, miras para otro lado y te vas silbando, estarás rechazando las mieles de tu aprendizaje y evolución. Al decir: «él me dijo», «ella no hizo», «él me engañó» y un millón más de formas de eludir tu responsabilidad, estarás perpetuando esas mismas experiencias.

Para salir de la programación ancestral de carencia y limitación, el único camino es la elevación de la consciencia. La pregunta más sabia aquí es: ¿Y qué significa elevar o expandir la consciencia? Aquí quiero tranquilizar a tu mente que seguramente se estará preguntando también: «¿A dónde vas con todo esto?» Pues bien, nada de lo que aquí describo te es ajeno. Como dije, tu memoria celular y ancestral lo sabe todo. Tu corazón tiene las respuestas, así que relájate. Mi función al describir esto es recordarlo para ti. Es decir, traerlo desde tu inconsciente a tu consciente. Esto es de lo más natural. Lo haces todo el tiempo al recordar donde dejaste las llaves del auto, o cuándo es tu fecha de aniversario. Pongo estos dos ejemplos a modo de broma porque me ayudan a ilustrar cuan consciente o inconsciente estabas cuando pusiste las llaves en el refrigerador o diste el sí. Supongo que no tengo que explicar mi chiste. Espero.

El viaje de la expansión de la consciencia no tiene por qué ser un tema aburrido ni es un misterio. Eres tú, está en ti, es para disfrutar de mirarse asimismo como una obra de arte en evolución. Piensa en ti como la más hermosa obra de arte en proceso. ¿Qué serías? Una melodía, una escultura, un grafiti en algún muro o un bello tatuaje. Tal vez un nuevo programa informático que nos ayude a salir de la poquedad y el sufrimiento (elevar la consciencia). Recuerda que estamos aquí para recrearnos. No estamos aquí para cumplir mandatos de nadie, como no sea lo que dice tu corazón que nunca te hablará de mandatos, sino que te dará suaves codazos para que lo escuches.

La vida se generó a partir de hacer preguntas. Partimos de una duda más que de una certeza. Al inicio de la vida todo era completo y desde ahí partió la más grandiosa de las preguntas: «¿Y qué más hay?, ¿qué más puedo ser?». Se preguntó el Gran Todo. Desde ahí hemos pasado por millones de respuestas que generan más preguntas y luego más respuestas. Lo que acabo de describir en unas cuantas líneas no pretende simplificar la maravilla de la creación, pero me sirve para llevarte a que te hagas las mismas preguntas. ¿Qué más hay?, ¿qué más puedo ser?

Si estas preguntas dieron origen al cosmos en todo su esplendor, imagina lo que pueden hacer por ti si las contestas. No hay una sola respuesta, esa es la magia. Hay millones y trillones de respuestas como estrellas en el cielo o granos de arena en el mar. Así de poderoso eres. Quiero llevarte a creer en tu grandeza. Quiero que veas tu origen creador para que nunca más vuelvas a empequeñecerte. Para que nunca más vuelvas a limitarte a pensar que solo hay un puesto de trabajo por el que está justificado matar a tu oponente. Sí. Lo dije fuerte y claro. Matar a tu oponente. Eso es lo que pasa cuando luchas, cuando compites, manipulas o te resientes por el éxito de tu colega. El tema es que no hay oponente, solo tú, recuerda que eres el cosmos. Por lo tanto, cuando haces todas estas cosas, estás afirmando que no crees en ti, no te ves capaz de crear algo igual o mejor. Estás matando tu creatividad.

Entonces hagamos preguntas. ¿Qué significa elevar mi consciencia? Ya establecimos que para resolver un problema hay que elevar la consciencia. No puedes resolverlo desde donde lo creaste. ¿Por qué? Respuesta: cuando creaste un problema, lo hiciste con la información, perspectiva y conocimiento que tenías en ese momento. Digamos que te alcanzó para eso. Una vez que te percatas de donde estás metido y de todos los efectos y consecuencias que esa situación provocó, tomas consciencia y eso te eleva un poquito. Si además tomas responsabilidad por todo lo creado, te elevas un poco más. ¿Y qué pasaría si emprendes acciones para resarcir el daño? Te elevarías aún más. ¿Pero qué tal si vamos aún más allá? Si además de esto te apropias del aprendizaje y lo conviertes en un proyecto extraordinario e impactas de forma positiva a más personas de las que pudiste haber dañado. Esto es grandeza, amigo mío. Así te conviertes en el gigante que eres y con ello engrandeces a otros.

Entonces, cómo hacemos eso, ¿cómo pasamos de la inconsciencia a la consciencia? Esto lo abordaremos desde la consciencia de un niño. Hablaremos al niño en ti para llevarlo dulcemente desde el miedo a los monstruos que imagina están detrás de la cortina, a la certeza de que ese niño está seguro. Nada puede hacerle daño una vez que descubra que solo son sombras. Para que se tranquilice le daremos pruebas de aquello encendiendo la luz y mostrándole las prendas de ropa y las perchas que en su imaginación figuraban ser otra cosa. Seguro empezará a reír y volverá a sentirse seguro en casa. Así será este viaje, prometo que lo pasaremos bien.

Elevar la consciencia es una tarea constante, lo hemos hecho desde que éramos solo una pequeña célula. Esto ha requerido millones de años de experimentación. Sin embargo, en nuestros días pareciera una tarea descomunal y ajena a lo cotidiano. Entonces te preguntarás: ¿Por qué querría yo elevar mi consciencia? Vivir en la consciencia de depredación no es lo que tú quieres, aunque te hayas habituado a hacerlo así. No es un lugar feliz. Cuando te experimentas desde esa inconsciencia, vives imaginándote en peligro constante, esto te invita a reaccionar a todo lo que pasa en tu ambiente. Por ello vives intentando con todas tus fuerzas hacerte de lo tuyo arrebatándolo a los demás. No puedes descansar, no sea que esos monstruos que imaginas, vengan a molestarte o a quedarse con lo tuyo. Eso que intentan arrebatarte puede ser cualquier cosa: tu reputación, tus juguetes, personas que consideras son de tu propiedad, como tu esposa o ¿qué tal tu empleo? Entonces, elevar tu consciencia te ayudará a crear con amor, en vez de vivir pensando en lo escasos que son los "buenos puestos de trabajo".

Salir de la consciencia de depredación te ayudará a ver lo que en realidad posees, y ¿qué es eso que en realidad te pertenece? Tú mismo. El Dios Creador que vive en ti. Si puedes percatarte de ello comenzarás a usarlo como un instrumento de creación y experimentación. En las tradiciones milenarias esto te condicionó a esperar a que Dios viniera a premiarte si te portabas bien o a castigarte si te portabas mal y no recitabas las escrituras con la entonación correcta. Así te desentendiste de tus propios milagros rogando para que ese dios se despertara de buen humor o tuviera tiempo de atender tus peticiones.

Para hacer uso de tu poder creador no tienes que aprender nada, no tienes que tomar un curso o un seminario. Lo has hecho todo el tiempo. Así fue como llegaste hasta donde te encuentras ahora. Has usado tu poder creador en cada movimiento, en cada decisión consciente o inconsciente que tomaste. Pero ¿qué pasa cuando decides elevar tu consciencia? Para contestar esta pregunta te propongo un ejercicio simple. Observa. Al observar sin juicio tu experiencia podrás percatarte de cuan limitado has estado desde tu consciencia actual. Mira dónde estás, ¿es eso lo que tú quieres? ¿Qué quieres? ¿Qué deseas con todo el corazón?

En mi experiencia de creación y experimentación me fue muy difícil contestar esta pregunta. Era como tallar la lámpara de los deseos y una vez activada, quedarme muda. No saber qué quieres en verdad te produce un estado de angustia del que es necesario salir. Me experimentaba a mí misma abriendo la jaula en la que había estado encerrada por mucho tiempo y, una vez abierta, me detenía en esa puerta sin saber a dónde ir.

El condicionamiento de la tradición te enseñó a buscar las respuestas afuera. Reyes y reinas, monjes o sacerdotes parecían tener las respuestas por lo que te dedicaste a servirles sin chistar. O bien saliste a buscar a esos sabios con la esperanza de encontrarles y, a cambio de unas monedas, recibir una respuesta que te guiara a tu destino. Así fuiste desconectándote del único y verdadero guía. Tú.

No hay juicio en esto. El recorrido de ida y vuelta ha sido largo, doloroso y, por supuesto, decepcionante si lo miras desde la incomprensión. Lo cierto es que ese recorrido ha hecho su trabajo y lo ha hecho bien. *Experimentar* es la palabra correcta en lo que trato de explicar con esto. En cierta forma el recorrido es el verdadero sabio. El camino te ha hecho fuerte y las sendas por las que cruzaste te alimentaron de sabiduría. Ya está, no hay nada más que discutir al respecto. El pasado es el verdadero sabio si aprendes a verlo con amor y compasión. Extraer los aprendizajes de eso que llamamos "el pasado" es el único uso que debemos darle a esa información. Quedarte a vivir en eso que llamas "tus errores", te ata al pasado y por eso te paralizas, por eso no puedes contestar esa pregunta que ha estado repitiendo constantemente tu corazón. «¿Qué quieres?» Responder esa pregunta es el verdadero salto cuántico. Y es así en verdad. Responder te lleva dulcemente al presente, que es el único lugar en donde debemos aprender a vivir. Aquí y ahora. Tiende tu casa de campaña en el presente, enciende una vela y comienza a crear desde ahí.

LA FORTALEZA DEL ESPACIO INTERIOR

Así fue como llegamos a *Businessasyoulove.* Este libro es el resultado de mi recorrido de ida y vuelta y por eso quiero compartirlo contigo. Poner en orden mis ideas, probablemente ha sido uno de los más grandes desafíos en mi vida. En mi historia puedes identificarte si has vivido un largo recorrido de aparente sequía.

Escribir este libro para ti ha sido un ejercicio muy poderoso de reflexión y orden para mi mente y corazón. Es un regalo para mi alma. Es mi forma de responder a la pregunta ¿Qué quieres? Compartir es la respuesta.

Mientras me encontraba en el ámbito corporativo fui diseñando herramientas que me ayudaran a organizar mi caótico pensamiento. La complejidad en la que vivía mientras me dedicaba a perseguir los resultados que se me pedían, me llevaba siempre al mismo lugar. Simplificar. Solo así podría avanzar.

En el ámbito de la salud mental le llaman de muchas formas a quien se experimenta en desorden. No es mi intención hacer uso de las etiquetas que la medicina pone a cada perfil de pensamiento. No hay juicio. Creo que lo que intentan es clasificar para dar una solución al sufrimiento mental representado en múltiples formas. Para mí solo hay una solución: Consciencia. Y para ello hay que comenzar por aprender a discernir.

El acto de discernir es en realidad una virtud natural en ti. Se resume en la frase *"separar el trigo de la paja".* No es que el trigo sea bueno y la paja sea mala. Lo que la naturaleza nos explica, a través de las bellas palabras del maestro Jesús, consiste en separar las nuevas semillas para volver a sembrarlas.

Por su lado la paja se convertirá en nuevo alimento para la tierra en donde sembrarás una vez más. Al final es un ciclo perfecto. Discernir es en sí un acto hermoso, ya que podrás ver con claridad aquello que es para ti y aquello que ya no lo es para este momento. No es un acto de rechazo, es una elección consciente. Al rechazar te encontrarás con la cara llena de paja hasta las narices restando claridad a tu visión de la realidad. Al final ese rechazo siempre recae en ti.

Esto me lleva a pedirte que hagas lo necesario para poner luz en lo que pasa en tu interior y con ello darle consciencia a ese aparente caos. Poner consciencia es darse cuenta. Es tener la disposición de comprender en profundidad lo que está ocurriendo sin juzgar. Solo mirar. Esto te llevará a experimentar estados de claridad y paz que se irán ampliando conforme vayas reconociendo todo aquello que vive en ti. Solo así podrás poner todo en su lugar para que las decisiones que tomes sean cada vez más sabias para conducirte por el camino que te lleva a tus verdaderos sueños. De lo contrario, todo lo que experimentarás serán las revolcadas de eso que llamas tu vida, sin entender por qué te pasa lo que te pasa y todo se repite una y otra vez. Eso no es avanzar. Y tampoco es necesario para evolucionar.

Avanzar es dar un paso y luego otro. Para ello solo se requiere una dirección (qué), un sentido (para qué), y lo demás consistirá en poner un pie delante del otro. La complejidad nace de ese mecanismo inútil llamado esfuerzo.

La cultura del esfuerzo es útil solo si sabes con claridad para qué es ese esfuerzo. No me malinterpretes, la idea que quiero construir contigo es sobre el esfuerzo sin sentido. Ese es el que verdaderamente cansa, porque la mente se siente dividida en entender qué hace y para qué lo hace. Si no encuentra sentido se quebranta y ahí comienza el sufrimiento mental. Se llama incoherencia. Una vez más, no es un juicio. Es una manera de explicarte la incoherencia desde la etimología de la palabra. Es decir, no tiene sentido, no pega.

Ahora pon atención, esto es aún más importante. ¿Qué pasa si la incoherencia es entre tú y tú?, ¿qué pasa si la incoherencia se encuentra entre lo que *dices que quieres (cerebro)* y lo que *en verdad quieres (corazón)*. El cerebro no entiende la diferencia y se va por lo que le es habitual, aunque sea un error —o digamos que es el camino largo—. Ahí terminas con otra revolcada de la ola.

Demos otro paso más. Supongamos que ya sabes lo que en verdad quieres —tu corazón siempre sabe eso—, pero a alguien muy importante en tu vida no le gusta o no está de acuerdo con eso que tú en verdad deseas. Entonces me dirás que no lo lograste porque tenías deberes que atender (sacrificio). Esto es una treta del ego que siempre te dirá que hay algo más importante que atender. Entonces será necesario observar qué yace por debajo de ese, "algo más importante". Los mecanismos de autosabotaje son igualmente variados y todos conducen al mismo lugar. Sufrimiento y frustración.

Desde la luz de la consciencia nada es sobre el esfuerzo y menos sobre el sacrificio. Mira una vez más a la naturaleza, serena y salvaje a la vez. Nunca se esfuerza por ser serena cuando quiere ser salvaje, o al revés. Solo es lo que debe ser cuando toca.

Ponerte en coherencia es fundamental para tu salud mental. Mantener la integridad de tu mente siempre afectará la forma en cómo te relacionas contigo mismo. Por consecuencia, esto se verá reflejado en cómo te relacionas con tu entorno, incluidos tus asuntos de trabajo.

Ya establecimos que no podemos dar lo que no tenemos, esto nos lleva de vuelta a observar nuestras incoherencias y resolverlas. Por ejemplo, dices que quieres ser saludable, pero tus actos pueden estar diciendo lo contrario. Aquí puedes comenzar por observar los alimentos que llevas a tu boca o los pensamientos con los que alimentas tu mente. Será fácil observar si estos suman o restan a tu bienestar. Esto te llevará, inevitablemente a ponerte en coherencia.

Si dices que quieres tener éxito en tu emprendimiento, entonces tus acciones deberían de ser el reflejo de ese éxito. Pregúntate ¿Mi agenda es el reflejo de mi determinación?, ¿las personas con las que me relaciono representan un apoyo para mis metas? ¿Qué cambios tendría que implementar? Esto puede sonar muy evidente, pero no lo es. Rara vez nos percatamos de que en realidad estamos yendo en contra de nosotros mismos, es decir estamos saboteando aquello que queremos lograr. Por ello la observación constante es necesaria.

Revisemos a profundidad este importante tema de los sabotajes. Este es un tema vital para cualquier proyecto o emprendimiento y no solo para eso; es importante para la calidad de tu vida. Te explico.

Un sabotaje es por definición un acto deliberado para detener el avance de algo que se considera una amenaza para los propios intereses. Mas claro no puede ser si hablamos de autosabotaje. Es un acto deliberado para detener el avance de algo que consideras está en contra de tus propios intereses. ¿Para qué hacemos eso?

Para abordar esta respuesta te pido antes que hagamos algo. ¿Quieres? Piensa en algo bonito para ti. Algo valioso. Quizás, algo que quieras lograr o experimentar… ¿ya lo tienes? Tómalo con delicadeza entre tus manos. De manera imaginaria llévalo a tu corazón… Ahora imagina que dentro de tu corazón hay una fortaleza, una especie de guarida secreta donde solo tú puedes entrar, donde solo tú decides a quien invitar. Nadie más tiene las llaves, ni conoce su ubicación. Es totalmente invisible e impalpable a los ojos ajenos. Deposítalo ahí y quédate tranquilo sabiendo que está a salvo de cualquier peligro. Ahora descansa unos instantes.

Construir una fortaleza interior te ayudará a sentirte seguro ya que el mundo puede ser muy agitado y demandante. Es insaciable, lo sabemos. Por ello te invito a hacer este ejercicio las veces que quieras poner a salvo algo valioso, algo muy querido por ti. Puedes ser tú mismo en esos días en donde quisieras escapar. Es un buen lugar. Para hacerlo cómodo y familiar, invita a aquellos elementos que te den tranquilidad y que te aporten algo valioso y útil para el tema que traes entre manos. Puedes por ejemplo, invitar a la sabiduría, también a la calma. Si requieres tomar una decisión será mejor invitar al buen discernimiento, él será el compañero ideal para ello. Tú puedes invitar a tu futbolista favorito, si eso te hace sentir seguro. Lo importante es que lo sientas como tu refugio personal. Este ejercicio es muy poderoso y lo he puesto justo aquí para hablar de sabotaje. Supongo que imaginarás por qué.

Mi propuesta es ponerte a salvo del efecto de tu mente. Con mente me refiero a aquella parte de tu pensamiento que no está de acuerdo con tus anhelos. Esto puede provenir de pensamientos distorsionados por creencias propias o ajenas. Los condicionamientos sociales pueden ser muy poderosos, más si se incrustaron en tu mente cuando eras un niño. Ahora eres un adulto y puedes hacerte cargo. Recuerda que tu cerebro no distingue entre lo real y lo imaginario. Por eso puedes ponerte a salvo de manera imaginaria, así como tus condicionamientos también fueron solo ideas que recibiste de alguien más.

Es muy importante que te sientas capaz de poner a salvo a eso que llamas tus tesoros, así te tranquilizarás a ti mismo y podrás avanzar en tus proyectos sin que, inconscientemente, hagas algo para sabotearlos, como quedarte dormido el día de la presentación de tu super proyecto, o quedarte atascado en el tráfico. Todos estos escenarios, aunque no lo creas fueron creados en tu mente de forma inconsciente. Tal vez les diste fuerza diciendo: «Dios quiera que no haya tráfico mañana» y claro, ya que eres el rey de tu reino, demasiado tráfico apareció esa mañana. Entonces tú te lamentas y te enojas con dios por no querer lo mismo que tú o dices algo como: «Dios no quiso que el proyecto ganador fuera el mío, por algo será». Dios no sabe nada de sabotajes. La Fuente es creación y puro amor.

Se que te extrañará que comience a hablar de Dios pero no sé hablar de creación y de amor sin tropezarme con la palabra Dios. Es inevitable, así como lo es Dios. El Gran Inevitable.

AMOR Y COMPASIÓN

Si en tu vida actual sigues batallando con los efectos de tus pensamientos, tengo que decirte que no eres el único. La mayor parte de las personas fingimos que todo va bien hasta que ya no es posible mentirnos más. Todos hemos experimentado el hartazgo por enfrentarnos siempre a las mismas situaciones. Esa es la base de la vida en la tierra. Todos estamos haciendo el recorrido de vuelta al amor, y aunque parezca que no es así por como luce nuestro mundo actualmente, te aseguro que así es.

Se que pareciera que estamos repitiendo las mismas cosas para terminar diciendo que debemos volver al amor y en efecto así es. El movimiento circular y repetitivo de estas ideas, tiene un solo objetivo y es llegar a tu corazón desde todos los ángulos sin la interferencia de tu mente que se defiende para que tu mundo conocido no se vaya al carajo. Se llama supervivencia.

Es el origen del sabotaje que surge desde el interior, y aunque puede parecer que viene desde el exterior en forma de un colega fastidioso o un competidor desleal, en realidad es tu ego haciendo lo que todo buen ego debe hacer, si quiere llamarse "señor ego".

Según nuestro Maestro y amigo Jesús, el lema del ego es: *"busca pero no halles".* Por eso, aunque quieres avanzar en tus objetivos, siempre viene tu ego y lo jode todo. Todos hemos iniciado cambios importantes en nuestras vidas un lunes por la mañana, y los hemos abandonado por la tarde. Este es un movimiento que también es circular, repetitivo y parece no tener salida, pero de hecho la tiene. Para solucionar esto haremos una jugada maestra. Daremos una solución tan contundente que tu ego no tendrá más remedio que sentarse y quedarse callado.

Primero: *Requerimos aprender a amarnos más que cualquier otra cosa en nuestras vidas.* Se que puede parecer difícil hacerlo, tal vez imposible. Se que lo has intentado todo para terminar siempre en el mismo lugar, sintiendo pena de ti mismo. Justo por eso, no haremos lo que hacemos siempre. Hoy nos elevaremos hasta el cielo para dar una solución que no hemos dado jamás. ¿Estás listo?...

Hoy Invitaremos a La compasión. Sí, amigo mío. La compasión será nuestra gran aliada. Piensa en La Compasión como una compañera amorosa que siempre, sin importar lo que esté ocurriendo en tu vida, te ofrecerá su *regazo sagrado* para descansar. Siempre que acudas a ella, te sostendrá con amor. Si te observas a ti mismo saboteando tu propia decisión, puedes hacer algo al respecto. Si lo ignoras, te irás al fondo una vez más. Entonces ¿cómo lo hacemos?

Primero: para y respira. Perdónate para que vuelvas al camino correcto. Es muy común que cuando nos percatamos de que nos hemos salido del camino, comencemos a castigarnos y a sentirnos culpables. Así que, en lugar de recurrir a la vergüenza o la autoindulgencia, debes saber qué puedes recurrir a La Compasión. Ella te llevará dulcemente de vuelta al camino si se lo permites.

Segundo: intentar justificar nuestras acciones sobre lo que hacen otras personas, es otro juego del ego que nos devolverá de nuevo al sufrimiento mental. Decir que no podemos mantener una actitud positiva en el trabajo porque todos son unos "tóxicos de m…" nos coloca justo en el centro de la m… Entonces, el único camino para salir será la compasión. ¡Sí¡ Todo nos devuelve a La compasión. Esta vez la ofreceremos como solución para tu entorno, es decir, para tus compañeros de trabajo. Seguramente te estarás preguntando si debemos incluir a esos que más te molestan. Sí. Especialmente a ellos. No puedes incluirte en La Compasión excluyendo a los demás. Todos requerimos amor, por lo que todos requerimos compasión. *Si puede ser una solución para uno, debe ser una solución para todos*. De otra manera no será una solución real. Solo sería autoengaño.

Tercero: Es necesario diferenciar entre compasión e indulgencia. La compasión observa sin juzgar, comprende lo que puede comprender y lo que no, lo pasa por alto justo porque no puede comprenderlo. La indulgencia o autoindulgencia es hacernos tontos. Es autoengañarnos buscando justificaciones que claramente nos alejan de lo que si queremos. Si queremos paz, ¿por qué hacemos la guerra? Si queremos tener un ambiente laboral saludable ¿para qué criticamos y lanzamos rumores? Puedes decir: «¡todo el mundo lo hace!» Y justo por eso, el mundo es como es ahora. *Si practicamos La Compasión lo suficiente, el mundo será como siempre debió ser.*

EL BARCO

Anteriormente dijimos que todos estamos haciendo el viaje de retorno a la consciencia del amor, aunque no parezca que es así. Si vemos el filtro a través de lo que nos dicen las agencias de noticias y las redes sociales, por supuesto que no lo parece. Ese es el objetivo de esa "información". Que pienses que todo está perdido para que ni siquiera lo intentes. La realidad es otra. Todos vamos en el mismo barco, aunque no todos viajamos en primera clase. ¿Sonó mal, cierto?

Ahora pensarás que soy clasista y dirás que estoy siendo incongruente con mis palabras. Tendrás la tentación de dejar este libro diciendo: «¡Tía!, dices cosas muy raras!, ¡para, que me quiero bajar!, ¡me tienes confundido!»

No harás eso. Continuarás leyendo está historia porque para eso se escribió. Para que tus ideas se agiten en lugar de quedarse cómodas en el sillón haciendo *doomscrolling* por toda la eternidad.

Bien, regresemos al barco y a tu boleto en primera clase, —que no puedes negar que te gustaría tener—; todos estamos haciendo el mismo viaje hacia la evolución de la consciencia. Nadie escapa de ello. Si estás dando vueltas en esta galaxia y en este tiempo, estás aquí para leer este libro. Una vez que te canses de fingir por las redes sociales o te canses de ser la víctima del mundo —todos hemos vivido en ambos polos—, te levantarás del sillón, pondrás la frente en alto y dirás: «¡Listo! ¡Me cansé de comer mierda!» Entonces pasarán dos cosas: Harás la pregunta: *¿y qué más hay?* Acto seguido el universo te pondrá un menú con infinitas opciones.

No te emociones demasiado. Hacer la pregunta, no es avanzar. Esto es así porque para que la vida que quieres se manifieste, primero deberás pasar por una prueba o dos o mil. Ya puedo observar tu cara de decepción y me dirás: «dijiste que tenías buenas noticias, esto no suena tan bien». Pues depende, es mi respuesta. Si quieres el boleto en primera clase, es tuyo. Solo hagamos una prueba para ver si estás listo para tal experiencia.

En primera clase no hay lugar para los miserables, los mezquinos, los incomprendidos, las víctimas, ni nadie que no se sepa y se experimente como un Ser completo. Es primera clase. En el otro polo. No hay lugar para los opresores, ventajosos, mentirosos, manipuladores, ni nada que vaya en contra de la vida.

Quedamos en que quieres el boleto en primera clase, como dije, es tuyo.

Ahora. Si me ves por la calle y me saludas, yo te diré: «¿cómo estás?» Si me contestas algo como: «pues ahí pasándola, ya viste que dura está la vida.» O me dices algo como: «Ya supiste lo que dijo el político tal por cual...por eso no avanzamos como país». Es que sigues batallando con los efectos. No hay juicio en lo que digo. Así es para ti y así será hasta que decidas otra cosa.

Una vez más, imagina que te sientas en primera clase sabiendo que eres un Ser completo y que no careces de nada. Sabes que puedes crear lo que tú quieras siempre y cuando lo desees con el corazón —y levantes tu trasero del sillón y vayas por ello—. Entonces aparezco yo, tú me saludas y me preguntas: «¿cómo estás?» Entonces te contesto: «pues ahí pasándola, ya viste que dura está la vida...» Seguro me entiendes.

EL CAMPO FÉRTIL

La evolución de la consciencia nos está llamando a todos. Nadie escapa al amoroso efecto de la consciencia del Ser. Se está expresando por todos lados de manera suave y lenta desde hace millones de años. Nos dice al oído: «Toma tu poder. Es seguro ser poderoso». Por ello es por lo que este libro se escribió para ti. El miedo no tiene más cabida en una mente que se sabe conectada con todo. El truco está en conectar tu mente con tu corazón y de ahí a toda la creación, incluida la tierra que te sostiene bajo tus pies.

Nunca en toda la historia tuvimos las condiciones perfectas para amar a la luz de la consciencia. Si viviste esperando que los astros se alinearan, es ahora. Todo el pasado excepto su belleza ha desaparecido, esto es así por el amor que nos sostiene a todos. Comienza y acaba contigo. Solo tienes que animarte a aceptar estas palabras en tu corazón y vivirte desde ahí. No hay más exigencia que esa.

En la medida que cada uno de nosotros se dé la oportunidad de vaciarse de creencias erróneas y limitantes, dejaremos espacio para nuevos enfoques que nos permitan avanzar en la creación de la nueva tierra, esa que está esperando ser creada y que nos corresponde por derecho de consciencia.

Una vez más aparece aquí la palabra consciencia, pero ¿qué es la consciencia? Acompáñame y lo entenderás.

Imagina que estás frente a un campo fértil. Es la tierra que se te dio para labrar. Es tuya. En ella hay toda clase de sustancias nutritivas, ya están ahí, alguien las puso ya por ti. Estás ahí parado, tienes en las manos toda clase de semillas. Tú no sabes aun identificarlas, pero sabes que te pertenecen. Volteas y ves a otros que, como tú, recibieron su espacio de creación. Todos tienen la misma oportunidad, ni más, ni menos.

Observas tus semillas y te preguntas, «¿ahora qué hago?» Se me ha dado más de lo que puedo desear, más de lo que puedo imaginar. Algunas de esas semillas son rojas, otras blancas, otras color marrón. Tienen formas y tamaños distintos. Comienzas a observarlas y notas las sutiles diferencias en cada una, todas son bellas y brillan. Pones una en tu mano y sientes lo que te comunica. Su potencial esta impreso en ella. Sabes que si la tomas y la colocas sobre la tierra, crecerá hasta convertirse en un árbol que dará nuevos frutos, tal vez flores.

No puedes quedarte ahí parado sin hacer nada. Sabes que habrá que tomar decisiones al respecto y eso te pone nervioso. ¿Qué tal si me equivoco de semilla?, ¿qué tal si me da lo que no quiero, ni necesito? Son preguntas importantes. Sin embargo, algo en tu interior te dice que ya lo has hecho antes, que ya has pasado por el proceso de seleccionar y eso te da aún más miedo. Recuerdas haberte enredado y tropezado con algunas de esas ramas. No fue una experiencia agradable. Tal vez te lastimaste con sus espinas.

«¿Entonces qué hago?» Te preguntas. Algo en ti te recuerda que en el interior de cada semilla se ha plasmado toda la información de su potencial y lo que obtendrás de cada una. Tomas otra, te la llevas al corazón y escuchas una voz sutil que te dice: «Soy calabaza». Tomas otra y escuchas, «soy un tulipán», otra te dice, «soy una Margarita». Hermoso ¿cierto? Observas que tus vecinos comienzan a sembrar. Te preguntas si ellos saben algo que tu no sepas, quizá ellos si recibieron el instructivo. Comienzas a buscar, pero no, nada de instrucciones.

Entonces tu interior te dice: «anda, toma una y prueba». Tú sospechas, pero sabes que ha llegado la hora. No puedes retrasarte más o no cosecharás. Seleccionas las que imaginas serán las más adecuadas para ti. Observas las otras y decides reservarlas para más tarde. Comienzas a seleccionar el terreno más adecuado y de pronto te das cuenta de que no es tan difícil. Incluso te resulta divertido. Haces toda clase de siembras y miras para ver qué pasa. Nada, no pasa nada. Te preguntas si es que estás haciendo algo mal. Pasa un día y luego dos. Cuando te das cuenta, han pasado semanas. Observas tu siembra y esperas. De pronto te das cuenta de que algo comienza a crecer. Ahí está, es diminuto aún, pero luce radiante y hermoso. Al cabo de algún tiempo te maravillas al observar toda clase de colores y hojas brillantes sostenidas de pequeñas ramas brotan por todos lados.

A tu alrededor han comenzado a cosechar, tu observas pero no te entretienes a pensar en tus vecinos. Aunque algunas de sus ramas y sus flores comienzan a ser molestas, tú te ocupas de lo tuyo. Ha pasado tiempo desde aquellas dudas y el nerviosismo ha desaparecido para convertirse en impaciencia. De pronto, ahí está, el primer fruto se deja ver. Tus semillas se han transformado en frutos. Al igual que tus vecinos comienzas a explorar los sabores y los olores. Todo es experimentación. El viento ha llevado y traído nuevas flores y semillas, ya no solo eres tú. *El entramado de la consciencia ha comenzado.*

Así es como llegamos hasta hoy. Todo ha sido experimentación para luego convertirse en más experimentación. Hemos pasado milenios observando estos ciclos. La consciencia ha pasado por millones de años de creación constante, de modo individual y colectivo. No todo lo que hemos sembrado nos gusta y cuando eso sucede, olvidamos que en algún momento, todo esto fue nuestra elección. Olvidamos ese momento de creación y la responsabilidad del proceso, así como los efectos que nos han dado esas elecciones.

El mundo es el resultado de nuestras elecciones y hoy se nos pide recordarlo. Estás en el momento cúspide de la creación, donde nadie más que tú sembrará tus semillas. Nadie las cuidará si tú no lo haces. Las opciones son muchas, *infinitas* es una palabra más adecuada para describir lo que pasa aquí. ¿Te gusta lo que ves? ¿A tu alrededor hay abundantes frutos para tu sustento y deleite?... ¿No? Si como yo en algún momento te preguntaste: «¿qué más hay?, ya me cansé de comer hojarasca». Déjame decirte que el estado de tu huerto es tu responsabilidad. Quita la hierba, saca las larvas y ponte a sembrar.

La forma en la que nos relacionamos con la tierra es un tema importante. Labrar esa tierra es nuestra responsabilidad. Pero ¿quién puso las primeras semillas? ¿De dónde salió la tierra dónde las depositamos? ¿Quién creó los nutrientes que hacen que crezca hasta convertirse en un gran roble? ¿Es esto un recurso infinito? Si lo fuera, y te aseguro que lo es ¿por qué experimentamos carencia?, ¿lo has pensado? En algún punto de nuestra evolución se insertó el pensamiento de carencia y sufrimiento. Se nos dijo que las manzanas y las serpientes son malas si es que quieres disfrutar de tu abundancia. «¡Aléjate de ahí!», te dijeron. Esta es una creencia muy poderosa y, a base de repetirla generación tras generación, hemos llegado al punto donde la pregunta más inteligente que puedes hacerte es: «¿esto es verdad?, ¿quién lo dijo?, ¿por qué es así?»

Entrar a observar las razones sobre porque funciona de esta manera, no es la base de este libro. Es así porque para desmantelar una idea no tienes que refutarla, no tienes que atacarla. Solo observa y pregunta, ¿tiene sentido para mí? ¿Me ayuda en lo que quiero experimentar? ¿Me acerca a la realidad amorosa qué quiero vivir? Si estas preguntas te animan a verificar por tu cuenta lo que es más adecuado para ti, podrás contestarlas solo con el conocimiento de tu más íntima verdad.

En tu interior está instalado el centro de creación y experimentación. Úsalo. Está dentro de tu pecho. Una vez que hayas hecho contacto con ese espacio interior pasa tus verdades internas por la razón, es decir, sube. Tu cerebro, que es la maquina milagrosa que procesa la información de manera racional, está unida a tu centro corazón. Ahí está la magia. Construye un puente de conexión entre tu corazón y tu cerebro. En ese orden. Verás como logras una perspectiva de la realidad que nunca has conocido, esto es así porque solo verificar con tu cerebro, te lleva a una realidad incompleta. Te pierdes de la sabiduría para concentrarte en la información.

Ahora vayamos un poco más lejos. Siente la tierra bajo tus pies. Sí, esa esfera redonda sobre la que estás parado. Si sientes la tierra bajo tus pies podrás entender quien sustenta tu vida material. No proviene de los gobiernos, ni de ningún otro lugar que no sea La Tierra. Ahora mira por arriba de tu cabeza. ¿Qué hay más allá de ti?, ¿qué hay más allá del espacio azul que puedes contemplar en un día claro?, ¿qué hay más allá de lo que puedes contemplar en una noche estrellada? Observa el espacio entre las luces de los astros. ¿Te parece que hay carencia allí? No. Todo es abundancia y es para ti.

Hacer este sencillo ejercicio es la respuesta para salir de la idea de carencia. Solo así será posible salir de los mandatos absurdos de control bajo los que hemos estado experimentando esto que llamamos vida.

Querido amigo, no hay más que discutir al respecto. Desde estas sencillas palabras que no provienen de mí, se te está invitando a levantar tus ojos y mirar más allá. Amplíate, ensánchate, expándete. Ponte cómodo en el universo. Nadie está acechando detrás de los arbustos para robarse tus juguetes. Al menos que elijas creerlo. Tírate en el césped. Cuenta las hojas, cuenta las hormigas que caminan por ahí, cuenta los granos de tierra. Así es tu herencia. Grande, inmensa, infinita.

Te he llevado a dar una vuelta por el universo, comenzando por el universo que hay en ti. Tú eres el alfa y el omega. Repite eso mil veces: «Yo Soy el Alfa y el Omega». Esto es muy poderoso ya que te lleva a entender que todo radica en ti. *«Eres el soberano de tu universo interior que despliega sin falla y sin esfuerzo, tu universo exterior»*.

PARTE IV

CONSTRUYENDO LA PLATAFORMA DEL BIENESTAR

Te he llevado por un viaje inesperado. Te dije que te sorprenderías y que hablaríamos de temas que nunca habías considerado. Se que parece que hemos dado una vuelta muy larga para regresar a la tierra y entender cómo hacer negocios y manejar tu vida productiva de manera que tenga sentido para ti y para el viaje que se propuso tu alma al venir aquí.

Supongo que después de este recorrido podemos hablar de alma, Dios, Universo, Tierra y el Alfa y el Omega sin que por eso te sientas incómodo y creas que esto es raro. La próxima vez que pienses en tu empleo o en tus clientes, considéralo como posibilidad y verás que toda tu experiencia de eso que llamas *trabajo* cambiará.

Como puedes observar, todo tiene que ver. Todo está conectado. Ahora regresemos a nuestra empresa decadente donde dejamos a todos sus integrantes intercambiando culpas por el estado en el que se encuentra el negocio. Piensa en nuestro equipo de *la silla*. Piensa en ti mismo cuando decidiste emprender un negocio o el día en que elegiste tu carrera universitaria. ¿Algo cambió en tu enfoque?

Al percatarnos de que formamos parte de algo más grande, podemos poner en perspectiva nuestros dramas cotidianos y las soluciones a esos dramas. Al darnos cuenta de que todo cuanto ocurre en nuestras casas y negocios es el resultado de nuestro mundo interno, podemos hacer algo al respecto. Si dejamos de esperar que suba la bolsa, bajen los egos y blablablá con las noticias… podremos hacernos cargo de ello. No seremos más objeto de la manipulación del mundo y sus encantos. Estás a cargo.

LOS CUATRO ASPECTOS DE TI

No eres solo un cuerpo ni solo espíritu, no eres solo tu mente y, ciertamente, tampoco tus emociones. Aunque parezca que sí en realidad eres todo eso y mucho más. Te expresas como energía, vibración, color y sonido. Eres luz y también oscuridad más todo lo que está en medio. Es decir, no estás en el extremo de los polos, sino en todos los matices. La expresión de tu ser no está limitada a ninguno de los aspectos de ti. Tampoco está limitado a lo que ves. Eres más lo que no puedes ver.

Describirte así te ayuda a mirarte con amplitud y no con limitación —que es la forma en la que te ves actualmente—. Verte como un montón de células moviéndose dentro del caos de un mundo sin sentido es, ciertamente, descorazonador. Por ello te decepcionas constantemente y te sientes perdido. Vivirte desde esa consciencia o, mejor dicho, inconsciencia, es lo que hace que tu experiencia carezca de alegría. Lo mejor es ponerse frente al timón. Sabes que los vientos serán fuertes y que en ocasiones se convertirán en suaves brisas que tocarán tu rostro. Nada de eso importará si te has preparado y, sobre todo, si estás de pie dirigiendo tu barco. Eso es lo que corresponde que hagas en los tiempos que corren.

Hacerte cargo de los pensamientos que consientes en tu campo mental es más importante que los alimentos que llevas a tu boca. Cuidar tus pensamientos es aún más relevante que la forma en la que diseñas tu programa de entrenamiento para desarrollar tus músculos, porque ninguna de estas acciones surge de otro lugar que no sea de lo que piensas de ti mismo. Los pensamientos son como cosas. Son sólidos con los que construyes los peldaños de tu consciencia, o rocas con las que rompes las ventanas de tu alma. Todo parte de ti. Comer y salir a ejercitarte son decisiones que tomas desde quien crees que eres. Si piensas que eres solo un cuerpo, comerás sin parar o te matarás de hambre de acuerdo con el concepto que tienes de ti. Salir a caminar y mover tu cuerpo al compás de tu propio corazón será bueno para tu alma. Así construirás tus células con amor. Solo depende de la intención que pongas en cada actividad.

Vivir una vida consciente supone algo muy complicado, pero no lo es. Lo cierto es que la vida que llevas ahora sí que es complicada. Has puesto condiciones al arte de vivir que ni tú mismo puedes alcanzar. Según tus propias reglas, para vivir requieres cierto tipo de teléfono móvil con todos los *gadgets* posibles; si no, te frustrarás y sentirás que te estás perdiendo algo importante. Así educamos a nuestros hijos. Los llenamos de juguetes y cosas para que sean felices y después los mandamos a escuelas caras y complicadas en donde se les llena de actividades hasta lavarles toda la alegría y autenticidad que traían al nacer. Los chicos de hoy están llenos de condicionamientos impuestos por padres autocondicionados a un concepto de felicidad inalcanzable. Está claro que es inalcanzable si para eso tus músculos deben tener cierta dimensión y el cabello debe ser suave e impecable todo el tiempo. ¿Por qué no podemos andar despeinados por la vida? ¿Por qué nuestros músculos deben parecer enfadados todo el tiempo?

Piensa en un pequeño niño. Mejor aún, piensa en ti, pequeño niño. Cuando subías a los árboles, ¿te preocupaba el estado de tus músculos? No. Solo ponías el alma en alcanzar la rama más alta. Nunca te ayudó a trepar más rápido el peinado que traías o si las uñas lucían un diseño de moda. El diseño de moda era traer lodo entre los dedos y tu cabello estaba decorado con ramas. Traías pasto hasta en las orejas. Así pasaste los mejores veranos. Tus mejores memorias ocurrieron con la ropa rota y la cara llena de mocos. Al llegar la noche te escurrías entre las sábanas, satisfecho y feliz. Ahora no puedes ni dormir. ¿En dónde quedó la simplicidad de la vida? ¿Por qué prefieres tener el corazón vacío a cambio de bolsos caros llenos de cosas que no te hacen feliz?

Es urgente aprender a poner las cosas al servicio de nuestro disfrute. Si no te dan alegría y contribuyen a darte una vida satisfactoria, deshazte de ellas. Si la tecnología no está a favor de la vida, ¿para qué nos sirve? Todos hemos visto lo que hace cuando está puesta al servicio de la manipulación y la voracidad.

El cuidado del cuerpo es relevante porque requieres estar vivo para cumplir con los deseos y el plan de tu alma. Un cuerpo que sirva para ello es mejor que uno con limitaciones, aunque también puedes hacerlo desde la enfermedad. Sin embargo, ¿por qué lo harías? Se ha insertado en la creencia colectiva que la enfermedad es una bendición y que dios (con minúscula) nos envía enfermedades para sanarnos. Eso es cruel. Nada más alejado de la realidad de un Dios amoroso.

Por ello, la propuesta es salir de la idea limitante de que la enfermedad y el dolor son las únicas opciones de la transformación interior. Tú no necesitas de eso para experimentar la mejor versión de ti. En los tiempos en los que ahora nos encontramos requerimos estar completos, con todas nuestras capacidades corporales, intelectuales y toda la creatividad del alma para emprender la tarea descomunal que implica poner todo en su justo lugar. En nuestro mundo requerimos soluciones de todo tipo y tú eres esa solución que falta. Sin ti no lo lograremos. Por ello, cuidar de tu cuerpo es necesario. Fuera de eso, si quieres hacer crecer tu trasero porque crees que eso es bueno para ti, hazlo, pero hazlo bien.

Antes de ser malentendida debo aclarar que, si estás enfermo o algo no va bien en ti, primero tendrás que aceptar que en alguna parte de tu inconsciente se creó esa condición. Esto te ayudará a dejar de sentirte víctima de ello. En todo caso, como me ocurrió a mí, puedes usar esto para tu propia evolución y también puedes hacerlo desde la alegría. Esto no es simplista. Por supuesto que tales condiciones requieren de fuerza interior y mucha compasión, y por ello te harás aún más grande.

Sobre la mente ya hemos hablado, pero ahora profundizaremos aún más, ya que, como veremos más adelante, la primera regla de la creación consciente nos indica que *"Todo es Mente"*. El universo es Mental. Si entiendes este principio no tendrás que entender nada más, porque todo parte de un pensamiento. El universo fue pensado antes por la Mente Universal. Aquí nos referiremos a lo que conocemos como el Creador o Dios en términos religiosos. Tú y yo somos parte de esa Mente y ciertamente somos creadores también porque fuimos creados a Su imagen y semejanza. La única condición en la que no guardas igualdad es que Él te creó a ti, pero tú no lo creaste a Él. Fuera de eso considérate un dios si quieres. Eso estará bien solo si te puedes responsabilizar de lo que creas. Tus creaciones te pertenecen. Son tu responsabilidad, así como los efectos que estas tienen en tu realidad y en la realidad colectiva de la que formas parte. Aunque podría seguir, no lo haré para no perder tu atención, ahora que la tengo.

Ahora te sugiero que respires profundo, lleves tu mano al corazón y le digas a tu mente que por ahora no participará más de la discusión. Tú le avisarás cuando necesites su intervención.

Esto que acabo de explicar es un ejercicio que deberás practicar hasta tener maestría en su ejecución. *Tu mente requiere saber que Tú estás a cargo.* Ese poderoso dispositivo no se manda solo, aunque parezca que sí. El pensamiento caótico es como un adolescente revoltoso al que nunca se le pusieron límites. Es como un cachorro sin correa al que nunca se le dijo: «¡Hasta aquí!». Tendrás que educarlo si quieres tomar el timón de tu vida. Esto no es tarea de un día. Así como ahora tu mente se "come" todo lo que se le acerca sin filtrar si es bueno o malo para ti, tendrás que formarte el hábito de discernir, o lo que es lo mismo, observar y luego elegir lo que te viene bien. Así avanzarás con consciencia.

Hablemos de percepción. La percepción está formada por la información y las experiencias del pasado, por ello nunca tienes la verdad absoluta de nada. Tu percepción siempre se forma por algo que ya ocurrió. Esto puede ser consciente o inconsciente. Propio o ajeno. Individual o grupal…

Por eso no hay nada bueno o malo. Nada es absoluto. Todo es pasado cuando se trata de percepción. Entender esto te ayudará a decidir si lo que percibes te suma o te resta cuando se trata de lograr tus objetivos. Es bien sabido que los sucesos de nuestra infancia tienen una gran influencia en la forma en la que vivimos el resto de nuestra vida, pero no son determinantes. Es decir, no son verdades absolutas, y por eso puedes y debes cambiarlas si no son convenientes para tu bienestar.

Entiendo que si estás leyendo esto es porque quieres mejorar tu bienestar. También se sobreentiende que si este libro llegó a tus manos es porque lo que experimentas ahora no es bienestar, o por lo menos no como tú lo quieres y mereces.

La mayor parte de nuestros conflictos surgen de no haber entendido lo limitada que es nuestra percepción. Tú tienes un pedacito de la realidad y yo tengo otro. Tu pareja tiene la suya y su fuente es su experiencia de vida. Tú tienes otra historia. ¿Quién está bien aquí? Seguro que me dirás: «Obvio, ¡yo!»

Y justo por eso nuestras relaciones siempre terminan mal, cuando su función original es enriquecernos, no limitarnos. Esto nos lleva de vuelta al origen de la historia. Adán y Eva. Caín y Abel. Musulmanes y judíos. Hombres y mujeres. La función de la dualidad es experimentar la totalidad. No caerle encima al otro por el hecho de ser otro. Tu percepción es tuya y no tiene que ser anulada por la mía. De hecho, no puede ser anulada, sino complementada. ¡Qué fácil es dejar de pelear!

No podemos hablar de bienestar sin tomar como pilar fundamental la salud mental. Nuestras experiencias y lo que percibimos de ellas determinan el grado de bienestar psicológico del que gozamos o padecemos, según sea el caso. Cuidar nuestra salud mental es también nuestra responsabilidad. Entonces, sanar nuestras heridas psicológicas es nuestra tarea y no corresponde a nadie más hacerlo. Por eso debes tomarte en serio al tratar con tus constructos mentales y las emociones que estas te otorgan, porque determinan la calidad con la que vives tu vida. Darte la oportunidad de experimentar un proceso terapéutico es una de las mejores decisiones que puedes tomar. ¿Qué tipo de terapia? La que te funcione para recuperar la paz. Lo importante es recuperar la cordura y construir una vida satisfactoria.

No importa si es un psiquiatra, psicólogo o un sanador de almas. Lo importante es que sanes. Por supuesto, tienes que estar alerta para ponerte en manos de alguien experto. En todos lados puedes encontrar manipulación. Aparte de eso, cuidar de tu mente empieza por observar y cuidar de lo que piensas. Todo lo que está a tu alrededor influye en ti tanto como tú influyes en el ambiente. Por ello es importante discernir lo que es bueno para ti y lo que no... ¡Chao! No negocies con lo que no te hace bien. Transigir ahí es como discutir sobre si lanzarte de un avión sin paracaídas es malo o bueno para tu salud.

Los pensamientos generan emociones. Cuando piensas «¡qué rayos!», literalmente generas emociones que sientes como rayos. Las emociones van a parar al cuerpo porque este es el vehículo de la experiencia. El cuerpo entenderá entonces que tiene que correr y esconderse. Es un proceso biológico que envía una instrucción de huida. Esto genera la producción de sustancias relacionadas con el movimiento de tus músculos para ponerte a salvo. Por supuesto, es más complejo que lo que acabo de describir, pero sé que puedes entender que todo está conectado. Una emoción que se sostiene por un tiempo determinado generará siempre una condición en tu cuerpo, y así se expresará en tu salud física a corto y largo plazo.

Ahora te pido que traigas tu mente de vuelta a la discusión para que conteste lo siguiente: ¿Cuántas horas al día escuchas o ves las noticias? ¿De qué hablan esas noticias? Hablan de guerra, chismes, conflictos políticos, es decir, ¡rayos! Claro que en los anuncios comerciales te darán "el remedio" para el insomnio o el dolor de cabeza que ellos mismos te provocaron. También te ofrecerán toda clase de objetos que prometen darte una "recompensa" para el estrés que te provoca tu triste vida. Solo tú puedes decidir de qué te alimentas.

Es verdad que no puedes hacer nada sobre lo ocurrido en el pasado. Tu infancia ha quedado atrás. Tampoco puedes hacer nada al respecto del contenido de los medios de comunicación y entretenimiento. Si están ahí es porque alguien consume esos contenidos, y cierto es que alguien gana con todo eso. Lo sabemos. Observa, por favor, con atención lo que hay en el mundo que te rodea. Si lo piensas, nada es bueno ni malo. Sólo existe lo que te sirve y lo que no. Ese es tu poder. Por ello es necesario saber qué quieres, porque eso es lo que determinará los medios para conseguirlo. Si lo que quieres con todo tu corazón es bienestar, sabrás determinar con facilidad lo que te acerca o te aleja de ello.

Por eso hemos hablado todo el tiempo de consciencia. La acción consciente solo puede darse en el presente. No está en el pasado ni en el futuro. Vivir conscientemente es vivir en el presente. De hecho, solo eso es vivir. El pasado fue una vez presente y el futuro será presente cuando estés ahí pero cuando llegues, ya será pasado. Entonces, solo tienes este instante. La vida es la suma de instantes. Pero ¿dónde estás ahora? Si tu mente ya se ha ido al pasado o al futuro, ya abandonaste el presente. El bienestar se construye en el presente y ahí radica tu poder y tu libertad. En el presente. Este es el instante en el que corresponde vivir y este es el instante cuando corresponde actuar.

Si en tu infancia experimentaste carencia, así fue. Si tu futuro lo imaginas viviendo bajo un puente, así será. Ahora observa con cuidado. Tu futuro lo imaginas viviendo bajo un puente porque en el pasado experimentaste inseguridad, es decir, carencia. De este modo, el pasado determina el futuro. «¿Qué más podemos hacer?», puedes pensar.

Déjame decirte que esto será así solo si así lo piensas. La mente carente genera carencia porque no tiene otros datos, solo conoce carencia. Pero qué ocurre si le das otros datos, otras coordenadas, por así decirlo. Puedes hacerlo porque ya eres consciente, o solo un poquito, con eso bastará. Tu cerebro es un dispositivo maravilloso, no lo dudes, pero no deja de ser un dispositivo. Es tu consciencia la que marca la diferencia. Pon conciencia entonces. ¿Qué quieres? Contesta la pregunta, es decir, dale otras coordenadas a tu dispositivo. «Mmm... Quiero una casa con vistas a la playa». Te pregunto nuevamente: «Es decir, ¿ya no quieres llegar al puente?». «No, ya no quiero eso», me dirás. Tu consciencia ha dado otras coordenadas. Dado que te has movido un poquito, puede que tu casa esté en la playa y a un lado veas un puente. Pero lo importante es que al dar otras coordenadas, llegaste a la casa de la playa.

Esto puede sonar gracioso, y esa es mi intención. Sacarte del drama. Eso nos ayuda porque ya dijimos que la emoción es relevante en este asunto. Siéntelo como real porque, de hecho, lo es. Mi querido lector con casa en la playa. Esto es crear. Esto es bienestar.

He escrito todo esto para ti desde mi casa, cerca de la playa. Esto es así porque no pensé en una casa en la playa. Sí pensé en una casa con alberca y, de hecho, hay una en mi jardín trasero. Así es la consciencia.

Por último, abordaremos el tema espiritual. Primero diremos que la religión no es espiritualidad. Tu espiritualidad puede o no incluir practicar una religión y pertenecer a una congregación puede ser necesario para ti, pero puedes no hacerlo. Gran parte de nuestros miedos provienen de la forma en la que hemos entendido lo que significa la palabra Dios. Pero Dios no está en un altar ni en una iglesia, y si lo está, solo es para que entiendas lo que no es. Dios no es difícil de entender y tu relación con Él se estrechará cuando dejes de pensar en ello como un misterio. Tú no eres un misterio. La vida es Dios. Tu eres Vida, por lo tanto, tú eres Dios. No hay más que entender. Vive, es todo.

Vivir conscientemente también es vivir en la consciencia del Espíritu. Tu alma es la expresión individual del Espíritu. El objetivo del alma es la experimentación y para eso estás aquí, para experimentar la individualidad por medio de tu cuerpo, mente y emociones, pero no por eso dejaste de formar parte del Espíritu.

Lo eres. Todos los somos, y ahí radica nuestra belleza y nuestro poder absolutos.

Tu alma quiere experimentar su mejor potencial para esta experiencia de vida. Justo por eso estás aquí, en este tiempo y lugar. Eso es posible y necesario para ti, para mí y para todos. Sentirte como la mejor versión de ti, o lo que es lo mismo, vivir tu más alto potencial, es posible solo si te sabes un ser completo. No puedes dejar una parte afuera. No atender nuestras emociones es lo que provoca los estallidos de cólera, la ansiedad y la depresión. No atender tu salud mental te lleva al mismo lugar. Al final, todo se traduce en enfermedades que tienen nombres que ni siquiera entiendes; aun así, las aceptas con resignación sin preguntarte de dónde vienen. Haces eso porque estás acostumbrado a decir que heredaste de tus abuelos ciertos trastornos, como si no tuvieras alternativa. Haces eso para no responsabilizarte, aunque sabes que con esa actitud nada bueno saldrá. ¿Por qué no comienzas una nueva historia en tu familia? Deja a tus hijos una herencia libre de enfermedades. Hazte cargo. Puedes hacerlo solo si así lo decides.

VISUALIZACIÓN CREATIVA

El estrés laboral es, por definición, la causa principal de la mayoría de las enfermedades de nuestro tiempo, siendo causa, y a la vez consecuencia, de que nos desarrollemos en ambientes de constante conflicto y muy baja productividad. Es, pues, un desafío al que a todos nos toca enfrentarnos y resolver.

El círculo vicioso en el que se desarrolla tal situación no parece tener solución, pero la tiene. No son los desafíos a los que nos enfrentamos de manera cotidiana los que nos producen síntomas como el insomnio o la ansiedad, sino la forma en la que los abordamos. Es entonces desde la raíz donde podremos generar soluciones creativas que nos ayuden a aproximarnos de manera positiva a un problema que nos atañe a todos. No serán las empresas ni los gobiernos quienes solucionarán tales situaciones, sino las personas que, sabiendo que desean vivir en bienestar, pondrán en marcha cambios en su estructura de pensamiento y comportamiento. Solo así podremos construir entornos productivos y saludables, aun en las situaciones más desafiantes.

La propuesta que ahora te haré no pretende ser una solución general a tal situación, dada la naturaleza compleja de este tema. Con todo, el aprendizaje de estas técnicas nos ayudará a tomar consciencia de nuestra responsabilidad y nuestro poder para construir las soluciones que se requieren. Solo así daremos el primer paso para la transformación profunda a la que todos hemos sido llamados.

Al escuchar hablar sobre la visualización creativa, las personas suelen sentirse intimidadas por entender, de forma errónea, que se trata de una habilidad que no poseemos o que requiere un estado de preparación que no nos creemos capaces de alcanzar. Nada más alejado de la realidad.

Visualizar es algo que hacemos todos los días; sin embargo, no nos hemos percatado de que lo estamos practicando desde que abrimos los ojos por la mañana hasta que los cerramos para ir a dormir. Si nos concentramos en el primer pensamiento del día, ese que viene a nuestra mente cuando suena el despertador, o cuando hemos dejado el estado de sueño de forma natural, es ahí cuando comenzamos a visualizar. Si al escuchar el despertador, tu primer pensamiento es: «¡Nooo! No me quiero levantar. ¡Por favor, cinco minutitos más!», ahí comienza tu día. Empiezas con un estado de resistencia a enfrentar el día que se te ha regalado.

Si ese estado inicial se prolonga con pensamientos como: «tengo demasiado que hacer, no sé cómo voy a pagar las deudas, odio mi trabajo, etc.» Sigues visualizando lo que vivirás a lo largo de ese día y más allá. Tanto si lo piensas como si lo dices, así será. El estrés habrá comenzado. Tu cuerpo, que es el lugar donde experimentas tus pensamientos y tus emociones, comenzará a generar la química equivalente al estado de huida o resistencia que provocará tensión muscular o quizás un dolor de cabeza matutino. Tal vez una sensación de cansancio, aun cuando no has comenzado las primeras actividades del día.

Si a tal situación le agregas que durante esos "cinco minutitos más" permaneciste en la cama generando imágenes mentales de tráfico, demasiada gente en el autobús, o comienzas a recordar una discusión con tus compañeros de trabajo, ¡ya lo tienes! Estás visualizando. Solo que no lo has hecho de forma creativa, sino destructiva.

Si tal situación se ha repetido durante los últimos diez años o cincuenta, se ha convertido en un hábito que repetirás de forma inconsciente y automática. Ya no lo piensas, solo ocurre como si no tuvieras control sobre ello.

Entonces, la primera propuesta que te hago es la siguiente: toma consciencia de lo que piensas, sientes y haces al despertar. No te propongo, por el momento, que intentes cambiarlo, ya que eso solo provocará aún más resistencia. Solo observa por unos días. Acto seguido, observa cómo se desenvuelven tus experiencias diarias. Observa cómo te sientes y las emociones que experimentas. La observación será tu primer recurso para generar un cambio transformador.

Otra propuesta es comenzar a observar los pensamientos y emociones con los que te vas a dormir. Observa qué haces antes de ir a la cama y toma nota de ello. Con esto bastará para que comiences a tomar responsabilidad de tu situación actual. Responsabilizarnos por lo que nos está ocurriendo es, en sí, dar un gran salto.

La siguiente fase de este ejercicio será observar cómo se desenvuelven tus interacciones con tus compañeros de trabajo. ¿De qué hablan? ¿Cuáles son los temas que se desarrollan durante la hora de la comida o en las reuniones? ¿Sobre qué conversan las personas en los pasillos? Con esto bastará para que te des cuenta cuán involucrado estás en tu *clima laboral*, porque, de hecho, *tú eres el clima laboral*. Si miras con atención, observarás como todo a tu alrededor está sumando a eso que tú llamas estrés; sin embargo, puede no ser tan evidente para ti la forma en la que estás participando en ello con tu conversación.

Al conversar estás visualizando, aunque parezca que no. Si, por ejemplo, te ves involucrado en una charla sobre lo mal que se desenvuelven las cosas en el negocio, repruebas las acciones de tus jefes o a las personas en el autobús, otra vez estás visualizando. Si, además, lo haces agregando una descripción detallada de cómo te sentiste, lo que dijiste y te dijeron, estarás construyendo una imagen mental muy poderosa.

Cuando conversamos, recreamos nuestras experiencias pasadas para nosotros y para quienes nos escuchan. Al expresarlas, las vives como si estuvieran ocurriendo en el presente, y así, no solo las vuelves a vivir, sino que, al compartirlas, haces que los demás las experimenten como tú las viviste. Sin poder evitarlo, toda esa frustración irá a parar a nuestro sistema nervioso. Por ello todos vivimos estresados, frustrados e iracundos, con todas las afectaciones cognitivas y corporales que estos estados generan. Esto sin contar el tiempo que gastaron los involucrados en tales conversaciones, tiempo que podría haberse aprovechado en sacar adelante los objetivos del día.

Dado que has comenzado a observar estas conductas en ti y en los que te rodean, ya estarás dando un paso significativo para solucionar la situación; sin embargo, el cambio real solo lo podrás generar al decidir si quieres seguir viviendo en estado de angustia constante o quieres hacer algo al respecto.

Asumo que tu respuesta será: «¡Quiero parar con eso ya!». Aquí es donde comienzas el camino del bienestar, porque una decisión de esta naturaleza es, en sí, un cambio muy poderoso. De ahí en adelante podrás avanzar en la dirección contraria, es decir, tomarás el camino constructivo.

A manera de resumen, revisar tus pensamientos y emociones y lo que estos generan en ti y en otros será el primer paso para construir las bases del autocuidado. El siguiente paso será instalar un nuevo hábito. Esto requerirá algo de tiempo y mucha paciencia, pero lo lograrás con determinación. Recuerda que esta determinación ya la tomaste cuando decidiste mejorar tu bienestar. Por lo que, solo tendrás que repetirte de forma constante que has tomado una decisión en favor de ti mismo. Al principio será necesario que te lo repitas a cada momento, sobre todo cuando te veas regresando al mismo hábito. Será especialmente necesario cuando te observes a ti mismo soltando críticas mordaces hacia alguien. En ese momento, para y observa. Siempre puedes recomponer la situación y proponer un nuevo tema de conversación que sea constructivo y esté enfocado en resolver los desafíos que se están presentando.

Esfera de soluciones

Como ya establecimos, aprender a visualizar de forma creativa es posible porque esa habilidad ya la tienes. Entonces, ¿cómo hacemos para usar esa herramienta a nuestro favor? En realidad, es muy sencillo, pero es poco probable que veas grandes resultados antes de practicarlo durante un tiempo, aunque puede ser que en ese momento veas algo que te sorprenda. Nunca se sabe.

Tomaremos el mismo ejemplo que establecimos al explicar lo que ocurre durante tu despertar. Haremos exactamente lo mismo pero con pensamientos que sirvan para el logro de tus objetivos. Si, por ejemplo, tienes una lista de situaciones por atender, usaremos esos cinco minutitos más para visualizar soluciones para cada cosa que requiera tu atención. No tienes que ocuparte en resolverlas por ahora, solo se te pedirá estar dispuesto a que se solucionen.

Al generar un estado interno de rendición y no de terquedad, las soluciones comenzarán a aparecer en forma de herramientas, personas o recursos. Esto es así, no por magia, sino porque *cada situación ya trae consigo su propia solución*. En ocasiones nos sentimos tan confundidos por los mismos problemas que no nos es posible ver con claridad que ya contamos con los recursos para resolverlos y que, de hecho, nos tropezamos con ellos cada mañana. Si sumamos a la preocupación un cúmulo de pensamientos caóticos y destructivos, formaremos una especie de nube negra en nuestra consciencia que nos impedirá ver lo que tenemos enfrente.

Entonces, ¿cómo lo hacemos? Comenzarás por hacer una lista de aquellas situaciones que tienes por resolver, escribiéndolas por orden de prioridad. ¿La tienes?...

Aprender a visualizar de forma creativa es muy sencillo, pero si no estás familiarizado con el proceso puede parecer demasiado complicado. Te aseguro que no lo es, así que confía. Permíteme llevarte de la mano. Haremos juntos el proceso partiendo de lo más simple a lo más complejo. Lo pasaremos bien. Relájate y sonríe. Eso ayudará.

Primero haremos un ejercicio de visualización muy sencillo. Siéntate cómodamente, cierra los ojos y respira hasta que logres tener un poco de calma y la disposición mínima para encontrar soluciones. Observar tu respiración puede ayudar a que te relajes.

Al cerrar los ojos y observar ese espacio interno que vemos frente a nosotros veremos un espacio oscuro que podemos considerar nuestra pantalla mental, como cuando vas al cine, solo que esta es tu pantalla personal. Tu espacio de creación. Considéralo un espacio sagrado donde solo tú puedes entrar. Es tu privilegio.

Es posible que al intentar entrar en el ejercicio comiencen a aparecer pensamientos en forma desordenada. Déjalos que vayan pasando como si se tratara de pequeñas hormigas que corren de aquí para allá. Míralas sin ponerles demasiada atención. No son tu asunto.

Ahora pon atención en el centro de tu pecho, a la altura de tu corazón. Imagina que de ahí sale una luz proyectándose hacia adelante, similar a la luz que sale de un proyector de imágenes.

Ahora observa como una segunda luz sale de tu frente proyectándose hacia adelante hasta encontrarse en un extremo con el primer rayo de luz. Así, tu corazón y tu cerebro se han unido para apoyarte en este ejercicio.

Justo en el punto donde se encuentran estos dos rayos de luz formaremos una esfera con tu consciencia. Una esfera colorida y perfecta. Puede que la veas en tu mente, puede que solo la imagines sin ver realmente una imagen. Eso no importa. A continuación, traerás de tu lista una de las situaciones y la pondrás dentro de esa esfera. Puedes asignarle una palabra o frase corta que represente la situación. Puedes rotularla si eso te ayuda.

En seguida pídele a tu consciencia que te muestre de una a tres soluciones para esa situación. Observa qué surge. Pueden venir pensamientos o imágenes, puede que no venga nada; aun así, estarás avanzando. Recuerda: Que no puedas verlo, no significa que no esté ahí. Cuando tengas al menos una solución dentro de tu esfera, imagina que esta sube hasta la parte más alta y que al llegar hasta el cielo, estalla bañándote con millones de luces de colores, dándote una sensación de alivio. Ahora descansa y agradécete por el ejercicio.

Pongamos un ejemplo. Supongamos que te encuentras ante el desafío de solucionar una situación de trabajo que llamaremos "Conservar al cliente más importante". ¿Cómo lo hacemos? Tendrías que comenzar por relajarte, luego proceder a proyectar tus rayos de luz desde la frente y el pecho para pasar a formar una esfera frente a ti. Una vez la tengas enfrente, trae a tu mente la situación: "Conservar a mi cliente más importante". Tal vez vengan pensamientos sobre la difícil situación que estás atravesando. Puede que incluso vengan pensamientos de tipo catastrófico sobre lo que pasaría si lo pierdes. Déjalos pasar, como si fueran molestosas moscas. Sin ahondar mucho, toma un lápiz imaginario y rotula tu esfera, o simplemente visualiza que aparecen las palabras en tu esfera. Yo imagino que las letras aparecen como lo hacen al escribir en mi computadora. Hazlo como tú prefieras, lo importante es que tenga sentido para ti. Solo asegúrate de ponerle nombre y colores vivos. Después, pasa a pedir información o soluciones para ello y aguarda las respuestas.

Es común que vengan pensamientos o recuerdos, puede que vengan situaciones que habías pasado por alto y que han llevado a que todo se ponga difícil. Puede que vengan imágenes, y como dije, puede que no venga nada, en cuyo caso, confía en que las respuestas ya están ahí. Solo tendrás que ser paciente. Seguramente te preguntarás si debes repetir el proceso si no han llegado respuestas. La respuesta es "sí." Esto es porque visitar nuestro interior solo puede aportarnos beneficios. Es un buen lugar. La única acotación que te daría es intentar no obsesionarte, en cuyo caso el resultado sería contrario a lo que quieres provocar.

Llegado el final, solo lleva tu esfera a lo más alto y deja que estalle ante tus ojos y te bañe con serenidad, sabiendo con toda certeza que podrás resolver la situación.

Múltiples situaciones
Puede ser que te encuentres ante diversas situaciones que te estén inquietando al mismo tiempo. Es posible que estés experimentando algo más que preocupación, es decir, ansiedad o agobio. Quizás te sientas atrapado. Todos lo hemos vivido.

La siguiente visualización es especialmente útil para estas situaciones, ya que puede que ni siquiera sepas por dónde comenzar o a quién acudir por ayuda. Te aportará claridad.

Si tomamos como base la primera visualización, pasaremos a formar tantas esferas como situaciones quieras resolver. Sin embargo, es recomendable poner solo tres esferas para no hacer un lio en tu imaginación, lo que solo te traería más ansiedad. Solo tres.

Cuando las tengas, pídeles que se formen en línea horizontal permitiendo que se acomoden ellas mismas. Una vez estén formadas, pídele a tu consciencia que una de ellas se ponga al frente. Ahora procede a repetir el proceso de pedir a tu consciencia que traiga soluciones para cada situación. Observa, espera y confía. Termina el proceso dejando que se eleven hasta el cielo para devolverte claridad y serenidad.

De esta forma le darás a tu mente descanso y una sensación de confianza porque has dejado de mantener esas situaciones en el movimiento caótico de tu mente. Tu inconsciente sabrá que te estás ocupando de ello en lugar de ignorarlo. Al incluir soluciones que provienen de tu corazón (intuición), en colaboración con tu cerebro (conocimiento y razonamiento), podrás descansar en la certeza de que tus decisiones serán sabias pero realistas. Así, estarás listo para tomar acciones. Desde ahí podrás avanzar y no paralizarte, como seguramente te has sentido ante tales escenarios.

Al final de cada ejercicio de visualización creativa es necesario que hagas dos cosas: primero, debes sentirte bien por el ejercicio y agradecer a tu consciencia por poner todas las soluciones y recursos que esas situaciones requieren; este paso es muy importante porque al agradecer estas asumiendo que esto es una realidad y que solo tienes que esperar que sea como debe de ser. Segundo, tendrás que hacer una afirmación. Esto es necesario porque, como ya vimos, el verbo es creador, todo lo que afirmamos desde el pensamiento o la voz tiene un efecto en tu consciencia y en tu realidad, por eso debes afirmar. Te sugiero decir algo breve como: «Yo sé que yo sé la solución a esta situación. Yo sé que yo soy esa solución». Con estas afirmaciones le estas dando a tu mente consciente la instrucción de ser y hacer lo que se requiera para resolver lo necesario. Con ello entras en la disposición mental de actuar en consecuencia. Esto no pretende ser un *abracadabra* para atender los desafíos que estas experimentando. En realidad son instrucciones claras que le das a tu consciencia para que actúe en tu pensamiento y en tus acciones. Esa es la magia. La acción consciente y asertiva.

El último gran paso de este proceso será la acción asertiva. Toma nota en tu libreta de todas las soluciones que aparecieron durante tu visualización y actúa sobre ello. Cuando hayas dado los primeros pasos, observa qué aprendiste. Antes de continuar, observa, analiza y haz los cambios necesarios para seguir avanzando. Dar los primeros pasos, por muy pequeños que sean, te dará la confianza necesaria para continuar hasta obtener los resultados que deseas en lugar de solo quejarte por estar en tales situaciones.

Puedes hacer de este ejercicio un hábito matutino o puedes hacerlo antes de ir a dormir. En el primer caso, tendrás todo el día para tomar acciones creativas e implementar las soluciones que tú mismo diste durante la visualización. Si lo haces por las noches, estarás dándole a tu subconsciente la instrucción precisa de desarrollar estas ideas durante las horas de sueño. Es ahí donde nuestro subconsciente trabaja para resolver las situaciones que nos apremian. Puede que sueñes con las respuestas, en cuyo caso, anota por la mañana todos los detalles y durante el día, actúa.

El estado inicial para realizar una visualización creativa es importante. Si no te es posible realizar este ejercicio porque no logras concentrarte, entonces lo más sensato será atender primero la causa de que no logres poner atención a tu visualización.

Imagina lo siguiente: Quieres ver una película desde hace tiempo. Te han dicho que es muy divertida y los actores son geniales en su actuación. Llegas a casa y te sientas cómodamente en el sofá. De repente, llega tu pequeño hijo de cinco años y te pide agua. Tú se la das y enseguida vuelves a sentarte. Entonces, viene tu pareja y te pide que le ayudes a encontrar un calcetín. Tú vas y le ayudas. Te sientas nuevamente y cuando apenas has tomado el mando a distancia, escuchas que alguien llama a la puerta. Es tu vecino preguntando por su gato. Cuando te das cuenta, han pasado 30 minutos y no has logrado ver la película. Te sientes frustrado y molesto. Finalmente, te sientas de mala gana a ver la película. No logras concentrarte porque tu estado interno es de frustración. Aunque lograste ver la película hasta el final, no te pareció tan interesante ni divertida, por lo que te sientes un poco decepcionado.

Con este ejemplo quiero explicarte lo importante que es para ti poner especial cuidado en el ambiente interno y externo que precede a estos ejercicios. Puede que al intentar ver tu propia película mental (visualización creativa), te parezca que el mundo se ha puesto de acuerdo para sacarte del camino. Esto es bastante común, por lo que fortalecer tu voluntad será necesario. Tómalo como una señal de que viene un cambio importante en tu vida, ya que seguramente será así. Al fortalecer tu habilidad de visualización, estarás fortaleciendo tu poder de concentración, tu voluntad interior, tu confianza y tu habilidad creativa, entre otros beneficios.

Seré enfática al decirte que es necesario que busques un espacio para realizar estos ejercicios y montes una guardia de respeto para este espacio. Este respeto tendrá que venir primero de ti. Puedes, por ejemplo, decirle a tu mente que es hora de practicar. Puedes hacer esto en silencio o en voz alta. Con eso bastará para darle a tu cerebro la instrucción de calmarse y poner atención. Luego podrás hacer lo mismo con las personas que te rodean, siempre puedes hacerle saber a tus amigos y familiares que necesitas un espacio de calma y que deben respetarlo.

Puede que no encuentres un momento del día para ello en tu caótica rutina, pero debo decirte que, ¡justo por eso es caótica! Hacer un espacio para la reflexión profunda o la visualización es una inversión de lo más rentable. ¿En cuánto valoras tu salud mental? ¿Cuánto cuesta eso que llamas concentración? ¿Dónde se compra?

Existen diversos estudios científicos que señalan que cerca del 60% de la población mundial tiene dificultades para concentrase en tareas simples. No es de extrañar si vemos cómo es nuestro día a día. Comemos mientras vemos películas, corremos mientras escuchamos audiolibros, conducimos mientras aprendemos a relajarnos y dormimos mientras aprendemos otro idioma. ¡Vaya vida la nuestra! Nunca estamos haciendo lo que estamos haciendo. No es mi intención hacer un juicio sobre cómo debes llevar tu vida; solo te invito a observar y reflexionar.

No tenemos que ahondar en estudios científicos para darnos cuenta de hasta donde hemos llegado con todo esto. Nuestros teléfonos móviles ya ni siquiera son para hablar por teléfono. ¡Nadie quiere hablar ya! Solo texto. Y de redes sociales, ni hablar. Solo observa. Observa a tus hijos, tus padres o a tu pareja. Nadie quiere mirarse a los ojos ya. ¿Por qué?

Regresemos a estos ejercicios. Si estás buscando cinco minutos para poder realizar este ejercicio y no los encuentras, te sugiero mirar cuánto tiempo pasas en las redes sociales a lo largo de un día. Te garantizo que serán más de cinco minutos. Entonces, te pregunto una vez más: ¿Cuánto vale tu salud mental? ¿Cuánto tiempo quieres invertir en mirar en tu interior para resolver aquello que tanto te angustia? Sigamos…

Respetar este espacio de reflexión interna o visualización será necesario para que logres un estado de calma que tu cuerpo y tu mente te agradecerán. Te lo aseguro. Tus ejercicios serán cada vez más claros y los efectos se dejarán sentir de inmediato. Sin embargo, si no logras concentrarte, es mejor que dejes el ejercicio para más tarde. Esto es relevante ya que, si te frustras en los primeros intentos, es probable que abandones por considerarlo imposible de realizar. Siempre puedes volver a intentarlo.

Si al cerrar los ojos no logras ver nada o tu visión interna es borrosa, puedes pensar que algo en ti va mal pero no es así. Como lo mencionamos en el ejercicio, que no puedas verlo no significa que no esté ahí, igual que sabemos con toda certeza que la luna está ahí en lo alto, aun cuando no la podamos ver durante el recorrido del ciclo lunar.

En este caso te propongo varias alternativas. La primera es que te imagines que tienes un paño suave y blanco en la mano. Sé que suena raro, pero confía. Estamos desarrollando tu poder de imaginar. Solo obtendrás beneficios.

Cuando logres sentir el paño en tu mano, te pediré que lo acerques con toda delicadeza hacia el lente interior que tienes en tu frente y lo limpies. Ahora imagina que haces lo mismo con el cristal de tu corazón. Hazlo con suavidad y verás mucho mejor… ¿Listo?

En ocasiones solo con esto bastará para enfocar mejor tu visión interior. Es importante que recuerdes que el cerebro no distingue entre lo real y lo imaginario. Esto puedes comprobarlo fácilmente al preguntarte por qué cuando ves una película triste te pones a llorar, incluso cuando sabes que es solo una película.

Por eso, limpiar de forma imaginaria tu lente interior puede funcionar para aclarar tu visualización.

Otra alternativa es simplemente realizar el ejercicio asumiendo que las respuestas están ahí, como la luna lo está aunque no puedas verla. Las soluciones se mostrarán en su momento. Solo es cuestión de esperar. En mi caso, es común que las respuestas no aparezcan durante la visualización, sino cuando estoy haciendo otras cosas, como lavando los platos o riendo con mi hija. Cuando eso sucede, el estado de relajación que se produce al soltar el tema provocará una respuesta tardía pero igualmente efectiva. Resistirse o presionar para que se manifieste una respuesta solo hará que te retrases.

El último y quizás más importante paso para realizar estos ejercicios será confiar. Este no es un tema menor, ya que sin confianza no puedes lograr nada. Sin confianza, solo te paralizas y entras en un estado de angustia y frustración del que tendrás que salir si no quieres quedarte atascado.

Al realizar estos ejercicios no puedes fallar. Es decir, aunque no veas nada, estarás avanzando. Si no entiendes lo que estás viendo, más adelante lo entenderás. Un estado de relajación es necesario para que no opongas resistencia; esto facilitará que tengas una experiencia placentera. Esto puede ser muy efectivo porque estás acudiendo a la sabiduría interna que todos tenemos, aunque con frecuencia se vea nublada por los condicionamientos sociales y la constante agitación externa.

Con esto quiero invitarte a que acudas a tu interior a por respuestas, sabiduría y calma. Te aseguro que si lo haces, encontrarás un mundo mucho más interesante que todo lo que está ocurriendo en el mundo de la locura en el que vives hoy en día.

El ejercicio de realizar la visualización creativa no tiene límites. Sus beneficios son tan amplios como variadas son sus aplicaciones. Aquí te he explicado solo una de las miles de técnicas que seguramente podrías encontrar de diferentes fuentes y autores. Incluso tú mismo puedes diseñar tus visualizaciones para los fines que prefieras. Cuanto más lo practiques, más seguro te sentirás para explorar esta poderosa habilidad que, estoy segura, transformará tu mundo exterior desde el interior.

LA FOSA

Ya revisamos qué es la consciencia. En palabras sencillas se nos ha mostrado la amplitud de esa consciencia y también su profundidad. Se nos ha explicado que todos formamos parte de eso que se teje como un vasto campo rico en posibilidades y que cada consciencia individual es responsable de lo que experimentamos de forma colectiva. Tu aportación será entonces única e imprescindible.

Expliqué en párrafos arriba el efecto de elevar la consciencia por encima de la apariencia y la limitación. Revisamos también el para qué de tal tarea en el entendimiento de que quieres sentirte pleno y lleno. Lejos de la pequeñez y el sentimiento de insuficiencia. Tu consciencia no puede elevarse sin antes construir un fundamento nuevo, uno distinto al que yace por debajo de lo que este mundo nos muestra. Hemos revisado los síntomas: tu gastritis y mi ansiedad. Hemos intentado explicar lo que ocurre en los proyectos y en las empresas cuando uno más uno se convierte en uno menos uno. Es decir, cero. Nada. Todos perdemos.

Ahora daremos un salto cuántico. Uno muy grande. Iremos donde no has estado jamás. Observa con atención esta belleza.

A ras del suelo tenemos una perspectiva muy limitada. Miras hacia arriba, a los lados y todo parece familiar. Te estiras para ver qué más hay, pero no parece que puedas alcanzar a mirar mucho más allá. Caminas lento para observar todo a tu alrededor. De pronto, algo pasa. Sientes cómo comienzas a caer. Te observas a ti mismo cayendo lentamente en una fosa. Anticipas un gran golpe, sabes que la fosa es profunda y dolerá. Antes de tocar el suelo algo inesperado sucede: te encuentras cayendo lentamente como si la gravedad hubiera desaparecido un segundo antes de golpearte la cara con el fondo.

Te sientes tan sorprendido como aliviado. Te observas a ti mismo y aunque no es cómodo estar ahí, agradeces por no haberte lastimado. Todo está oscuro. Pareciera que no tienes demasiadas opciones. Solo trepar. No sabes cómo llegaste ahí. Observas alrededor pero no ves nada, hace frio y comienzas a sentirte confundido. A tientas buscas identificar algo en el fondo, algo que te ayude a subir y salir de ahí lo más pronto posible.

Gritas para pedir ayuda, pero nadie parece escuchar. Han pasado horas, quizás días, desde que aquello ocurrió. Te preguntas si alguien ha notado que no has llegado a casa. «Seguro que a alguien le debe importar». Te dices esto a ti mismo para tranquilizarte, pero comienzas a dudar. Parece que nadie ha notado tu ausencia. Tu mundo mental ha comenzado a caer en sufrimiento. Te preguntas si podrás salir de ahí, quizás ya estás muerto y no te has dado cuenta. Este pensamiento te asusta, sabes que tienes que hacer algo o te volverás loco. No puede haber terminado ahí, ¿o sí?

De pronto, alguien aparece. Te pone la mano en el hombro y te dice: «Levántate, es hora». Miras hacia arriba, observas a tu acompañante, pero cuando quieres comenzar a hacer preguntas, te interrumpe y en tono firme te dice: «¿Quieres salir de aquí o no?». Te levantas rápidamente, no entiendes nada, pero es mejor no preguntar y salir de ahí. Tu acompañante te pregunta: «¿Traes una cuerda?». Nada te sorprende ya, pero «¿qué clase de pregunta es esa?» Si tuviera una cuerda no seguiría aquí», dices en tu mente en tono casi imperceptible, no sea que tu misterioso acompañante se ofenda y te deje ahí. «¿Algo que te ayude a subir?», te pregunta. Tú buscas en tus bolsillos y no. Nada. Solo *trece* monedas, las cuales no sabes cómo llegaron ahí. «¡Qué rayos!», te repite tu mente. Una vez más te sientes nervioso y aún más confundido. Mientras tanto, tu acompañante observa los muros, toca con detenimiento cada centímetro como si supiera lo que está haciendo. Tú solo observas, pero en realidad no alcanzas a ver nada. Solo te sientes aliviado de no estar solo ahí.

Tu misterioso amigo se sienta en el suelo y te pide que hagas lo mismo. Tu no entiendes nada, pero no es que tengas otra opción. Te sientas y respiras. Él dice: «Bien, es lo mejor que puedes hacer ahora. Respira. Y ahora, ¿qué vas a hacer?». Tú comienzas a preguntarte cómo llegaste ahí, cómo es que te pusiste en esa situación. ¿Será que alguien te empujó? Revisas el pasado buscando culpables. Eso te hace sentir furioso y comienzas a llorar de rabia. Lloras hasta que no puedes más. Finalmente te quedas dormido.

Cuando despiertas, todo parece más claro. Aún sigues en el fondo de una fosa oscura y fría, pero algo en ti cambió. Tu misterioso amigo sigue ahí, acompañándote sin decir nada. Vienen recuerdos de todo tu camino, los errores y los aciertos parecen danzar en torno a ti. Tu amigo espera con paciencia, toca tu hombro de vez en cuando solo para hacerte saber que Él está ahí. En señal de respeto, solo te sostiene en el silencio.

Han pasado días, quizás meses desde que fuiste a parar al fondo de tus recuerdos. La revisión ha sido incómoda pero necesaria. «¿Y bien? ¿Tuviste suficiente de comer de la basura?». Escuchas en la oscuridad. Volteas sintiéndote enfadado. «¿Qué estás diciendo? ¿Basura?». Él te mira y con profundo amor te recuerda que estás ahí por decisión propia. «Nadie se levanta desde arriba», te dice.

«La basura es toda esa jerga mental que te informa que las cosas no deberían ser como son. El pensamiento de juicio sobre el pasado es basura de la más tóxica. Cada que traes a tu mente eso que llamas tus errores, los vuelves a vivir y a lastimarte tanto o más que el primer día. Así comienza una espiral descendente de sufrimiento mental del que es necesario salir de inmediato si no quieres quedarte atascado. En tus experiencias está todo lo que necesitas para salir de aquí. Tocando tu pecho, te dice finalmente: "Aquí hay toda clase de herramientas. No necesitas más que eso. Confía"».

Meses después de esta experiencia aún no sabes distinguir si todo aquello fue un sueño, solo sabes que te sientes muy bien y eso es lo que importa.

En el interior de cada uno de nosotros está trazada la ruta de la transformación que nos lleva dulcemente por la senda de la Consciencia de Unidad. Esa que te recuerda que tu vida tiene sentido y que, vista desde una perspectiva cósmica, no hay error. Solo experiencia.

Ir a visitar un recuerdo solo es útil si puedes mirarlo desde la perspectiva de un observador neutral. Observar desde la neutralidad te ayuda a mirar con profundidad sin elementos de juicio del bien o del mal, que, por cierto, es a lo que se refiere la historia de la manzana y la serpiente. Lo que en realidad se nos sugería —no por mandamiento sino por amor— es no colocarnos en la polaridad del *bien y del mal*, ya que, como establecimos, todo es perspectiva, y la perspectiva siempre es personal, nunca es totalidad. Entonces, visitar una memoria dolorosa solo será útil para ti si lo miras desde la neutralidad, sin emociones ni sesgos. Así podrás observar con más detalle lo ocurrido desde el presente. Esto te proporcionará la posibilidad de aprender de aquello y así podrás decidir nuevamente qué quieres ahora.

Desde ahí puedes avanzar y no retroceder. Por ello la Compasión debe ser incluida como ingrediente principal cuando se trata de revisar el pasado. La Compasión es, por definición, la compañera amorosa de la experiencia. Solo así dejarás de repetir experiencias dolorosas.

Construir una vida cimentada en los pilares de la consciencia nos ayuda a mirar el territorio en el que estamos parados con amplitud. Sabemos que en algún punto irás a parar al fondo del precipicio, esto es necesario para que puedas desarrollar los músculos de la perseverancia y te dará el contraste necesario para comenzar a distinguir lo que es correcto para ti. Lo que no, tendrás que dejarlo a un lado, como quien se desplaza hacia adelante con una brazada dentro del agua. Tomas el agua para impulsarte. No es que el agua a tu alrededor sea tu enemiga; de hecho, es tu aliada.

El enfoque correcto te llevará a experimentar la vida que deseas. Si en tu recorrido fuiste a parar al fondo de tus infiernos, estos son prueba de que te forjaste como el hierro haciendo que tu alma se hiciera fuerte y maleable a la vez. Esto te permite disfrutar, aun cuando la temperatura sea muy baja o demasiado elevada. Sabrás distinguir la tibieza de un corazón agradecido porque has estado ahí, en ambos lados.

Una vez que te has puesto de pie comienzas la escalada. Los músculos de tu fuerza interior requieren desarrollo, sabes que si te mueves de forma lenta pero constante, avanzarás. Mientras llorabas junto a tu amoroso amigo fuiste vaciando el espacio interior donde guardaste toda clase de emociones viejas que te llevaron al fondo de esa fosa. De no haber tenido el soporte amoroso del perdón que todo lo sana, hubieras llegado al fondo en un golpe seco. El perdón fue, sin duda, un colchón mullido donde amortiguar tu inevitable caída. Pero ¿qué es el perdón?

En el fondo de nuestra alma yace el recuerdo de nuestra inocencia, esa que te recuerda cuán amado eres, aun cuando te encuentres aprendiendo a distinguir lo que es bueno y lo que no es bueno para ti.

Nadie te juzga por estar en ese proceso constante de experimentación, a eso has venido. El juicio, eso que haces 24/7, es lo que alimenta tu sufrimiento y el de los demás. Nada excepto eso puede llamarse infierno. Ese lugar forma parte de tu espacio interior, forma parte de ti. Cielo e infierno son las caras de la misma moneda. No puedes experimentar lo uno sin lo otro. Pero observa, ¿quién te ha colocado a cargo de eso que llamas justicia? ¿De verdad quieres estar a cargo de tal responsabilidad? Lo cierto es que ponerte a cargo de los juicios que emites constantemente sobre ti y sobre tus hermanos es lo que hace que no puedas dormir, que no puedas disfrutar, que no puedas jugar a esto que llamamos vida. A la vuelta de esos juicios te encontrarás cara a cara con ellos, representados en forma de experiencias de igual cualidad a los juicios que lanzaste. Cuidado, amigo mío.

La propuesta aquí es mirar, solo mirar. Observa y mira qué causa en ti eso que juzgas. Haz un alto y date cuenta de la incómoda sensación que te deja tan popular práctica. Date la oportunidad de distanciarte de ello y déjala partir. Solo eso se te pide. Dedícate a disfrutar de ti, deja que cada uno se encargue de lo suyo.

Si al contemplar estos escenarios te sientes identificado con alguno de ellos, para. Observa una vez más qué parte de ti puede reconocer eso que tanto te molesta. Es tuyo. Míralo como si se tratara de un niño pequeño que tiene una rabieta. Dale amor. Tómalo en tus brazos y verás que todo se calma.

Esto, amigo mío, puede sonar muy simple, pero no lo es si has estado paseando por este mundo. Eso es lo que nos ata a la rueda del sufrimiento de forma individual y colectiva. Así que, si miras a tus competidores con detenimiento, observa qué te muestran. ¿Ves algo bueno? Está en ti y ellos solo te muestran que es posible. ¿Ves algo que te molesta? Esta en ti, y solo está ahí para mostrarte tu más alta verdad.

Tu jefe, tus compañeros de trabajo, tus vecinos y todo en tu mundo es tuyo, están ahí porque el ojo no puede mirarse así mismo. Entonces, ¿qué decides? ¿Quieres salir de la fosa o te quedarás ahí?

LOS PILARES DE LA CONSCIENCIA

Para crear abundancia es necesario ser abundancia. De hecho, lo eres, pero no lo recuerdas. Para eso se escribió este poema. Sí, este libro es un poema para tu alma, que cual pez, sigue buscando el océano del que ya forma parte. Tu eres abundancia. Mira tu cuerpo, estás formado por millones de células que, a su vez, son trillones de partículas. No puedes contarlas ya. Se escapa a tu consciencia. ¿Qué más pruebas quieres de tu infinitud y del amor que te creó?

Este mundo te necesita. Más que nunca necesitamos dar a nuestra hermosa casa La Tierra un poco de lo que nos ha dado. Ella espera por ti. Espera por tu emprendimiento grandioso y espectacular. Necesita de tus ideas, de tu entusiasmo por la vida. No requiere más de eso que dicen en las noticias. Eso es comer basura. ¿Por qué lo haces? Desconecta de ello. Busca una piedra, seguro que habrá una por ahí. Háblale y pregúntale qué puedes hacer tú para mejorar este mundo. Luego escucha en silencio. Recibirás buenas noticias.

He puesto esta información justo aquí porque es necesario. Todos hemos pasado por noches oscuras. Por ese no entender por qué pasa lo que pasa. Esta pregunta nos ata al pasado. La otra visión, esa que te lleva a mirar más allá de los dramas cotidianos, es mirar con amor y compasión todo. No unas cosas sí y otras no. Todo. Todo es digno de ser mirado con el ojo del perdón, ese es el único camino para recuperar la paz en este mundo. Todos estamos invitados a la fiesta de la reconciliación. No retrasemos más esa decisión. Para avanzar hay que recuperar la confianza, para movernos requerimos fortalecer el alma con los atributos del amor.

Hablaremos de eso aquí. Los pilares de la consciencia te sostienen a la hora de construir tu más alto potencial y te fortalecen en los momentos de eso que llamamos adversidad. Principalmente, en esos momentos donde todo está oscuro es donde los pilares de la consciencia te serán de gran ayuda.

Desarrollaremos cada uno de manera muy simple. Verás por qué han sido integrados en este libro y por qué te serán útiles desde un punto de vista práctico en cada decisión cotidiana y para tu integración al rio de la vida.

¿Recuerdas a nuestro amigo de la fosa y las trece monedas en sus bolsillos? A continuación, te comparto el valor imperecedero de esas monedas.

Valor. Valorar es amar, darle un valor a cada cosa en tu vida es mirar con profundidad lo que ya damos por sentado. El aire, por ejemplo, es vital, pero no parece que lo veamos como un milagro continuo. Lo despreciamos cada vez que apretamos el estómago, aun cuando en ocasiones, sentarse y respirar es todo lo que podemos hacer. Darle un espacio a cada órgano de tu cuerpo es valorarlo. Los latidos de tu corazón están ahí para recordarte a qué has venido. Todo lo que parece perecedero es valorable. Estuvo ahí para darte un regalo, luego se transformó en otra cosa y cuando eso ocurrió, te sentiste perdido y defraudado. Eso es porque no lo valoras, como no te valoras a ti mismo. Si lo hicieras, no perderías ni un instante en juzgarlo, te dedicarías a disfrutarlo.

Paciencia. La paciencia que muestres a los demás es la paciencia que te tendrás a ti mismo. ¿Corres? ¿Te desesperas porque no cambia a verde? ¿Contestas antes de que te pregunten? ¿Interrumpes la conversación? Paciencia, amigo mío.

Aceptar los ciclos de la vida tal como son en la naturaleza —y tú formas parte de ella— te ayudará a tener una experiencia de vida plena. No estarás pensando en lo que harás el siguiente verano. Estás presente para tu experiencia aquí y ahora. No apresuras al rio para que llegue antes al mar, eso es tonto. Tú no eres eso. En su lugar, respiras y te sostienes en la certeza de saber que todo está bien.

Certeza. La certeza es la base científica de la fe. Se conecta con la paciencia y la confianza. Juntos hacen una ensalada nutritiva para tu alma dotándote de poderes mágicos. Imagínate sereno descansando en la certeza de que todo está bien. Avanzas deslizándote sobre la paciencia hacia tu mejor potencial. ¿Quién serías? Imagina por un momento cómo sería tu experiencia de vida desde ahí.

Confianza. La confianza es algo así como mirar una flor. Las flores son un buen ejemplo de confianza. Vienen de un largo recorrido desde las semillas teniendo una experiencia de oscuridad. Piénsalo así. Han estado depositadas en el potencial de una semilla que decidió pasar por la noche oscura del alma en la tierra. Esta belleza tuvo que esperar durante semanas, tal vez meses, dentro de la tierra. ¿La imaginas preocupada por si habrá nutrientes, o sol, o agua? ¡No! Si lo hiciera, tal vez no llegaría a ser flor, y si llega, llegaría marchita. Esto es lo que le hace al alma la falta de confianza. Te envejece y te marchita.

Desapego o Vacío. Aprender a soltar es aprender a confiar. Es otro ingrediente de esa ensalada que le dará brillo y color a tu alma. Vaciarse es necesario para recibir. No puedes avanzar si cargas todo lo que esta vida va depositando en tu ser por el solo hecho de vivir. Es la base de la salud mental. Abrir las manos para recibir implica haberlas abierto antes para soltar.

Silencio. ¿Has escuchado el silencio? Ahí te encuentras con tu divinidad. No hay nada más práctico que el silencio. Puedes pensar que sentarse en calma y escuchar el silencio es una práctica para monjes. No es así. El ruido del mundo y de tus pensamientos es la puerta para la incongruencia. Si te afanas en atender todo lo que ocurre te perderás. Estarás atendiendo a un amo insaciable. Con ello dejarás de escuchar a tu ser, que no necesita otra cosa sino que lo atiendas. El silencio es una expresión de amor y respeto hacia ti mismo. Así dejas de participar en el juego del mundo y cuando eso sucede, llega la paz. No es que cambien las cosas del mundo, aunque puede ser así. Pero tú solo te responsabilizas de tu mundo interior, que es mucho más basto e interesante que todo lo que ocurre con tus vecinos. Ahí llegan las respuestas más grandiosas a todo lo que se te pueda ocurrir.

Discernimiento. Es la base del buen elegir, le sigue al silencio y coloca una alfombra bajo tus pies para que avances cómodamente en tu interior hacia eso que quieres lograr. En el buen discernimiento nunca te perderás. Dejarás de pelear con decisiones contradictorias y solo te avocarás a disfrutar de tus creaciones, las cuales son como burbujas de colores donde puedes poner aquello que tu más anhelas. Las verás elevarse al firmamento llevando mensajes de tu corazón. Estas te devolverán una lluvia fresca para alimentar nuevos proyectos y de ahí te moverás al ciclo continuo de creación y experimentación. Hermoso, ¿cierto?

Contemplación. Observar es abrazar con el alma. Es la base de la comunicación sin opinión. Solo te limitas a contemplar lo que hay ahí. Desde la observación amorosa puedes tomar la espada del discernimiento que no corta ni daña. Solo distingue lo que es bueno para ti en el ahora.

Causa y Efecto. En este pilar descansa la certeza. No puedes discutir con las leyes del universo. No puedes discutir con la ley de gravedad. Te irás al suelo si lo haces. Así también, causa y efecto son promesas del Amor que nos creó. Nada que pienses, hagas o digas carece de poder. En algún momento te encontrarás con ello cara a cara. En ello puedes descansar o desesperar. ¿Qué eliges?

Respeto. En este atributo del amor podemos practicar el amor. Es la capacidad de verte en el otro. Es una expresión honesta de empatía. Este mundo se arreglaría en un instante si pudieras entender este principio. No requiere mayor explicación.

Fuerza Interior. Desde tu fuerza interior dejas de competir. ¿A quién hay que alcanzar? ¿A quién hay que superar cuando sabes que todo lo que necesitas está en ti? Repite esto: "Yo Soy el Alfa y el Omega". Esta expresión te recuerda tu fuerza interior como el único sostén imperecedero e inagotable. Así dejarás de consumir baratijas. y eso, querido amigo, sanará este mundo.

Fidelidad. Si tú eres el Alfa y el Omega, ¿qué más hay? Aquí se sustenta la suma de todos los pilares de la consciencia. En este mundo todo se sostiene por la falta de fidelidad. Si eres fiel a tu Ser no puedes transaccionar, no buscas ganar, ¿a quién?

Orden. Llegamos al final. Todo tiene un lugar y ese lugar es eterno. En tu naturaleza se encuentra impresa la esencia del orden. Has hecho un recorrido intenso solo para llegar hasta aquí. Honrar ese camino es honrar todo, incluir todo en el orden natural. No necesitas esfuerzo para ello.

Vivir desde los atributos de la consciencia le devolverá el color a tu alma. Esto es porque te sabes parte y todo de aquello que es sostenido por el amor.

Si tu intención al fundar una empresa, una familia o desarrollar un recorrido profesional exitoso fue llegar a la plenitud de tu potencial, ¿por qué este mundo es el mundo del cansancio, la enfermedad y la carencia? Algo debe andar mal ahí.

He ilustrado para ti el recorrido absurdo del trabajo y la generación de riqueza. He ilustrado para ti cómo es vivir sin amor. He dejado en estas palabras las pistas del recorrido de vuelta al amor. No requieres más que eso.

Businessasyoulove partió de mi recorrido por ese absurdo y las pistas que se me dieron para encontrar el camino al amor por medio del dar. Es mi forma de poner en práctica la coherencia, que no es otra cosa que acceder al baúl de mis recursos internos y recorrer el camino hacia la máxima expresión de mi alma a través de ti.

PARTE V

BAÚL, PHI & PATH

El Método *Baúl,Phi&Path* es la suma de poderosas herramientas de autodescubrimiento para diseñar proyectos significativos desde la consciencia. Mientras que habilita a la persona para desarrollar estrategias para convertir sus ideas en proyectos exitosos, le proporciona la posibilidad de disfrutar del proceso de creación. Así convierte cada paso en una experiencia de realización personal.

La aplicación de este método es muy amplia. A lo largo de años de refinamiento y maduración he podido comprobar, desde mi experiencia personal, que nada proporciona más plenitud a los seres humanos que la certeza de saber que nuestras experiencias, por muy duras que hayan sido, tuvieron un sentido. Es entonces desde la luz y la oscuridad que podemos acceder a la consciencia de nuestro verdadero potencial de una forma completa.

He experimentado que, tanto si quieres fundar un negocio millonario como si quieres encontrar la cura para alguna enfermedad, el camino será más satisfactorio si lo haces con la mente y el corazón abiertos y conectados. Para eso se necesita la presencia, la emoción y la consciencia. Es posible que sin estos elementos, de igual manera llegues a tu meta, eso también he podido observarlo en primera persona. La diferencia fundamental radica en que cualquier logro obtenido de forma inconsciente siempre tendrá un alto costo para ti o para alguien más. Estoy segura de que tú o las personas más cercanas a ti ya han pagado ese precio. Seguro se "cargaron" todo lo bueno que tenían en sus vidas, como hijos, familia, vecinos o amigos. Puede también que el costo haya sido la salud, el daño a la naturaleza o la bancarrota llegó de forma inesperada e inevitable. Todos lo hemos visto.

Baúl,Phi&Path es mi propuesta para caminar con los ojos abiertos y crear valor para ti y tu entorno mientras disfrutas del paisaje a lo largo del camino. Desde mi corazón te deseo un hermoso viaje.

Baúl nace de las iniciales de **B**usiness *as you (u) love*. Fue mi forma simplificada de llamarle al proyecto que surgió al intentar darle sentido a experiencias que no lo tendrían hasta mucho tiempo después. Ese camino resultó ser una especie de cofre interno que contiene todos mis tesoros. Aunque en sus inicios se construyó para diseñar nuevas formas de hacer negocios de manera amorosa, es decir, generar riquezas en alineación con las leyes de la vida, se fue transformando en una forma de vivir. Al hacer de la profundización interior una práctica cotidiana, tomarás consciencia de su riqueza y bastedad. Al hacerlo descubrirás que eres mucho más que anécdotas. Eres la vida misma escribiéndose en tus propios términos.

Path por su lado, nace de generar **p**lanes (p) de **a**cción (a) de **t**res (t) pasos, es decir, se basa en el proceso de creación del universo. En triadas. ¡Qué original! Finalmente, la h es equivalente a horas. Aquí me refiero al tiempo invertido en llevar a cabo ese plan de acción simplificado que te llevará a obtener los resultados más extraordinarios. Por supuesto, *Path* es equivalente a camino en inglés. Así que, como todo en el universo, es perfecto.

Para mi sorpresa, el método se fue ampliando y pasó de ser una metodología para generar ideas y proyectos de inversión alineados a la vida a ser una metodología multifacética. Hasta donde yo he podido comprobar, es útil para todos los procesos de *coaching* de vida, *coaching* ejecutivo o empresarial y acompañamiento holístico. Puedes tomarlo para transformar tu jardín trasero en tu refugio personal o conformar a la familia de tus sueños. Da igual el objetivo, los pasos siempre serán los mismos.

Lo que caracteriza a este método es su simpleza. La mayor parte de mis clientes llegaban con un millón de ideas en su cabeza y eso les generaba mucha angustia y parálisis. De ahí la necesidad de llevarlos por el camino más simple. Esta vía siempre les generaba la tranquilidad y la certeza de que estábamos avanzando hacia donde queríamos ir. Una vez completada la tarea seguíamos con la siguiente tríada y de ahí, a la siguiente, en un proceso en espiral ascendente, y no lineal. Así es la evolución porque así es el universo. Si no, observa con atención la hermosa galaxia en la que estás.

Esto es especialmente útil para personas que, como muchos de mis clientes —y yo misma—, sufríamos periodos de ansiedad por mantener todo bajo control. Esto, como sabemos, puede tener su origen en la neurosis de los tiempos modernos, donde todo se hace de prisa. También funciona para personas con perfiles perfeccionistas o cualquier clase de trastorno obsesivo compulsivo. Por su simplicidad, es especialmente útil para las personas con dificultad para concentrarse en tareas simples, y ni que decir de las complejas. Es decir, para el mundo moderno.

A lo largo de mi vida he tenido el honor de tratar con personas que experimentaban angustia y mucho sufrimiento por tratar de pertenecer a un mundo donde nada tenía sentido. Esto se debe a que siempre nos experimentábamos tratando de ir en línea recta y adaptarnos a vivir en una caja —esquema social y cultural— donde no podíamos encajar.

Por eso *Baúl,Phi&Path* tiene sentido para muchas personas. Es simple, amoroso, compasivo y eficaz para alcanzar lo que te propongas. ¿Por qué digo que es amoroso? Porque honra a la persona que tú eres como un ser completo, no como alguien a quien al desempacarlo nos percatamos que le faltaban piezas, es decir "defectuoso". Es compasivo porque no te exige ser quien no eres. Por el contrario, honra tu historia tal y como fue, sin maquillaje. Esto es especialmente valioso para extraer la riqueza de todo lo aprendido y usarla como materia prima de un nuevo y más emocionante proyecto. Nunca te pedirá nada que no tengas, así que puedes relajarte y partir desde donde estás.

Phi es el modo amoroso de llamarle a *Pillar* (en español Pilar). Propuse a **Phi** como la compañera de viaje perfecta para fortalecerte en la edificación de una consciencia basada en el bienestar, es decir, una vida consciente alineada a la Vida con mayúscula. Ahora exploremos cada componente de este sistema con más detalle.

A continuación, me honra presentarte a estos tres simpáticos y poderosos personajes. Desde ahora te propongo considerarlos como tus nuevos amigos.

BAÚL

La base de todo proyecto extraordinario parte de tu esencia. Su materia prima está formada por tus experiencias más profundas, aunque también se encuentra en lo cotidiano. Es al tomar consciencia de tus recursos cuando puedes elevarte y generar una nueva versión de ti. No porque tu anterior versión tenga algo de malo, sino porque la vida es evolución.

Para ello te propongo contestar algunas preguntas esenciales. Estas te permitirán identificar el tesoro que guarda cada experiencia, aunque no puedas verlo por ahora. A través de la mirada correcta puedes identificar en cada parte de ti un tesoro, una veta de oro y una joya por descubrir.

Una vía de acceso a ese tesoro es mirar en retrospectiva tu historia. Aunque no es la única forma de hacerlo, sí puede darnos materia prima para trabajar en cualquier proyecto que emprendas.

Entre más profundices en las respuestas, más clara será la visión de quién has sido y desde ahí, puedes pasar a recrear la nueva versión de ti. Así que, prepárate para este viaje de autodescubrimiento que te llevará al fondo de tu propio Ser. Ahí todo es potencial puro.

La primera fase involucra hacer un recorrido por tu vida, desde tu nacimiento hasta el día de hoy. Para eso responderemos la primera pregunta:

¿Quién he sido? A continuación te doy algunas ideas de las preguntas que puedes formular para ser más específico; sin embargo, siéntete libre de expandirte hasta donde tu corazón te quiera llevar. Es tu historia.

- ¿Cuáles son mis dones?
- ¿Cuáles son mis talentos?
- ¿Qué habilidades tengo?
- Describe tu formación académica, ¿cómo llegaste ahí? ¿Por qué elegiste esa carrera? ¿Por qué no elegiste una carrera? (Si es tu caso).
- Describe tus oficios. (Si es tu caso).
- Describe tus gustos.
- Describe tus *hobbies* (pasatiempos).
- Aquello que disfruto hacer aunque no me paguen.
- Si yo fuera millonario, haría…
- Describe lo que no te sale bien. Aquello en lo que dices: «No soy bueno para…»
- Describe lo que no te gusta. «Lo que detesto o me saca de quicio».
- ¿Cuáles son tus "defectos" de carácter? ¿Cómo llegaste a esa conclusión de ti?

Una vez terminado pasaremos a responder **¿Quién más puedo ser?** A continuación reflexiona sobre lo que no has experimentado y te gustaría hacer. También puedes investigar en aquellos proyectos sin terminar o en los temas en los que procrastinas (dejar para después, postergar). Todo es válido si quieres conocerte.

- ¿Qué es lo que no he vivido y me gustaría?
- ¿Qué es lo que no he experimentado aún?
- ¿Cuáles son mis tareas pendientes?
- ¿Cuáles son los proyectos incompletos?

En la tercera fase hablaremos de **Experiencias trascendentales**, aquellas situaciones o etapas de tu vida que tuvieron un alto impacto y que, tal vez, cambiaron el rumbo de tu vida.

- Describe tus vivencias ¡*Wow*! (Aquellas donde te sentiste feliz, realizada, sorprendida de forma positiva).
- Describe tus experiencias *break down* (experiencias dolorosas, puntos de quiebre de vida).
- ¿Cuáles son esas experiencias que se me repiten constantemente?

Para las últimas fases de este viaje al fondo de tu corazón hablaremos de cómo te quieres expandir en el universo. Es decir, **¿qué es lo que tienes para dar?** Recuerda que solo así podrás conocer tu potencial. No lo harás en una cueva. Tocar el universo a través de lo que tú tienes para dar es transformarlo, y con ello puedes trascender. Nada menos que eso se puede llamar realización personal. A nada menos que eso se le puede llamar éxito. Hagamos mas preguntas:

- ¿Qué es lo que yo tengo para ofrecer? Se generoso. Recuerda que todo lo que das, es a ti mismo a quien se lo das.
- ¿Qué quiero crear con lo que yo tengo para ofrecer? ¿Qué forma tiene? Puede ser un nuevo servicio o tal vez un producto. Tal vez algo que podríamos llamar tu legado.

Por último, iremos al paso más importante. Describiremos con claridad qué experiencias quieres regalarte a través de tu proyecto:
- ¿Serán experiencias, emociones, nuevas conexiones con personas extraordinarias o convertirte en un super millonario?

Recuerda que todo es válido y todo es posible si sabes con exactitud qué quieres y para qué lo quieres.

Para construir en terreno firme tendremos que revisar los pilares de la consciencia que necesitas para que tu vida se sostenga en ellos. ¿Has visto caer, piedra por piedra, eso que llamaste tus sueños? Yo sí. En algún punto de mi vida supe que todo lo "mal construido" se derrumbaría y que tendría que verlo. Así fue. Piedra a piedra se fueron derrumbando mis castillos. Fue doloroso.

Al terminar de contemplar ese espectáculo apocalíptico estuve lista para volver a construir. Esta vez elegí hacerlo con la sabiduría de todas mis experiencias. Nada era un desperdicio. Para ello pedí ayuda y se me concedió. Durante meses se me guio para adquirir nuevos conocimientos. Tuve que entrenarme en temas que no sabía que existían y que serían herramientas para diseñar estrategias de vida alineadas con el amor que quería experimentar pero que al buscar en los lugares incorrectos, me habían regalado la experiencia contraria al amor.

PATH

Aquí es donde aparece *Path*. Este es un personaje que te acompañará siempre. *Path* es el camino por recorrer en la consecución de tus objetivos. El camino no es camino si no lo recorres.

En mi experiencia nada sucede hasta que no me pongo en marcha y voy por lo mío. Los siguientes pasos solo son claros si has recorrido los anteriores pasos. Te explico.

El método *Baúl,Phi&Path* propone hacer tríadas con actividades o acciones que alimenten los objetivos que te fijaste. Son metas que tendrías que analizar con el corazón y la mente conectados. Avanzar con rapidez para conseguir tareas que no tienen significado para ti es lo que hace que tu vida pierda sentido y vayas perdiendo impulso. También te provoca hambre. Sí, hambre del corazón.

¿Has sentido esa horrible sensación de tener hambre aun cuando ya comiste? Es hambre de significado. Tu corazón recibe las señales de tu alma, que está representada por tu niño interior. Ese que sí sabía lo que quería y lo disfrutaba.

Ese niño tiene hambre de disfrutar y de alegría. Tiene hambre de simplicidad y de ternura. Dado que hace demasiado tiempo que no hablas con él, ha terminado causando una "gran escena" en tu mente y en tus emociones. Él sabe que te has perdido y que debes regresar al camino. Él es sabio, por lo que debes confiar y comenzar a escuchar. Desarrollaremos esto más adelante.

Path es la representación de la gracia en el recorrido. Avanzas bailando como en una danza: un-dos-tres, un-dos-tres. Como cuando aprendiste a bailar. Todo fue cuestión de escuchar la música y poner en marcha el un-dos-tres. Al comienzo eras torpe y te movías como si todavía trajeras puesto el empaque. Intentabas coordinar pies y manos con la melodía. Con un poco de práctica, aquello se convirtió en un *flow* que te dejaba extasiado al moverte de principio a fin con alegría. Eso es disfrutar.

Ahora te pido que pienses si experimentas ese *flow* cuando llegas a tu trabajo por la mañana. Si no es así, estás listo para comenzar a crear un puente que te lleve a tu corazón. También hablaremos de eso en este libro.

Pensar en *modo Path* es pensar en simplicidad. Solo tres pasos. Imaginemos que quieres ir a la playa el próximo fin de semana. Para ello tendrás que activar *tu Path*. Toma este sencillo ejemplo:

1) Revisar las opciones de hospedaje, 2) revisar las condiciones del auto y 3) revisar tu presupuesto. Una vez que hayas cumplido esas tres actividades, puedes ir adelante con: 1) hablar con mi esposa y exponer la idea, 2) tomar una decisión juntos sobre el presupuesto y 3) llevar el auto a ajustar los frenos. De ahí puedes pasar a otros tres pasos que podrían ser: 1) Hacer las maletas, 2) revisar el itinerario de viaje y 3) preparar un *playlist* de playa y… ¡listo! A disfrutar con la familia.

Por supuesto, todo puede variar dependiendo de la complejidad de tu meta, y justo por eso es necesario respetar el 1, 2, 3. Es fundamental que no te pierdas ni te estreses. En la vida moderna todo ocurre de manera caótica. Llegas a la cama sin saber cómo transcurrió el día y luego te preguntas: «¿Ya es viernes otra vez? Estoy cansado y no avancé con mis proyectos». Si esto se repite día a día durante los próximos diez años, acabas pasando tus fines de semana en calidad de cadáver. Tal vez te acompañe una cerveza y veas el fútbol. A continuación verás la repetición del fútbol y después de eso, el resumen de la repetición del fútbol.

Mientras tanto, tus hijos se meterán en problemas y tu esposa… también.

Aquí otro ejemplo. Si en tu mente ronda la idea de emprender un negocio, quizá los primeros tres pasos consistan en hacer tres preguntas fundamentales: *¿Qué giros económicos me interesan y me entusiasman? ¿Qué necesidades veo a mi alrededor que puedo cubrir?* y tres, *¿estoy dispuesto a entregar el corazón en este proyecto?*

Una vez que contestes lo anterior, otra tríada mágica sería: *¿Qué experiencia tengo en los temas de mi interés? ¿Cómo puedo hacer rentable esta propuesta? ¿A quién puedo acercarme que tenga experiencia al respecto?* Así puedes avanzar, de tres en tres y con consciencia.

La mayor parte de los emprendimientos fracasan por no poner un poco de consciencia sobre las razones por las que quiero invertir mi alma en tal empresa. Una vez que todo se pone mal, comienzas a hacerte preguntas que podrían haberte evitado ese tropiezo. Por otro lado, si las preguntas son: *¿quién es el culpable?, ¿quién lo pagará?* y *¿dios, por qué me haces esto?* tendrás que ir a parar una vez más al mismo lugar, pero con menos dinero y menos de eso que se llama la sabiduría de la experiencia.

Hacerte acompañar de *Path* es una buena idea. *Path* es una compañera entusiasta y te puede ayudar a poner orden en tu vida. *Path* es simple pero muy exigente, esto es porque, en definitiva, se toma muy en serio tu vida. Sabe que necesitas avanzar y que lo harás con consciencia. Ella te ayudará a no perderte en planes de acción inalcanzables. Ponerse frente a planes complejos es el primer síntoma de que no quieres avanzar, es un signo de autosabotaje. Al ego le encanta hacer eso. Te pone metas como participar en el maratón de Francia, aun cuando no has salido a caminar en los últimos tres años. Esto es muy común en los egos que no quieren avanzar porque tienen miedo de salir de su mundo conocido. Ante tal situación, *Path* sonríe y con su increíble belleza, llena de simplicidad, dice solo tres palabras: un-dos-tres. ¡Y se pone a bailar!

Alcanzar tus sueños no tiene por qué ser difícil. De hecho, siempre encontrarás atajos que te ayudarán a elevarte por encima de las dificultades. El primer atajo que te propone *Path* es ser flexible pero firme. Esto quiere decir que, si por alguna razón no estás en posibilidad de completar tu 1, 2, 3, siempre puedes improvisar. Siempre puedes sorprender a tu pareja de baile con un paso inesperado. Tu pareja reirá y juntos seguirán bailando, inventando nuevos pasos. Está permitido dejarse sorprender.

Otro atajo infalible es sonreír todo el tiempo. Ríete a carcajadas cuando todo se ponga de cabeza y nada parece salir bien. Ríete si recibes un buen pisotón, o si se te sale el zapato al dar tus mejores pasos de *twist*. Ríete si vas a parar al piso. Y si todos se ríen de ti por la forma en la que bailas, ríete aún más.

No estás sujeto a las reglas de nadie. Si tus planes y proyectos le parecen raros a alguien, pregúntate si esa persona ha conseguido experimentar la vida de sus sueños. Si no, tienes que dudar de su experiencia e intenciones. En ocasiones, las personas tienen problemas para dejar a otros proponer sus propios pasos de baile. Intentan decirte cómo son las reglas de esto que llamamos vida. No hay reglas que no deban ser reconsideradas si las que tenemos han dejado de funcionar para hacernos felices y plenos.

TRÍADAS
EL TRIÁNGULO DEL SER

En nuestro universo encontramos tríadas en casi todos los ámbitos. Es una forma de describir la unidad y las partes que la componen. El Padre, el Hijo y el Espíritu Santo es una de las más conocidas, pero también encontramos a la muy célebre el bueno, el malo y el feo. Por este lado del mundo decimos también: bueno, bonito y barato. Para las civilizaciones mediterráneas suena como el trigo, la vid y el olivo. A lo que llamamos Dios se le ha descrito también como un triángulo y lo podremos encontrar como la base de la geometría sagrada. El Gran Yo Soy, el Alfa y el Omega.

Cuando me encontraba intentando poner orden en mi caótico mundo corporativo, buscaba darle paz a mi mente y a mis equipos de trabajo simplificando lo que parecía no tener sentido. Me era aberrante la contradicción en la que todo ocurría en aquel mundo de apariencias. Un domingo me senté a buscar soluciones y apareció la primera y rústica versión de *Businessasyoulove*. En ella encontré la forma de ayudar a mi equipo de trabajo a avanzar en medio del confinamiento por la pandemia, que a todos nos tomó por sorpresa, invitándonos a dar soluciones creativas en medio de algo que nunca habíamos vivido. ¿Cómo avanzar? Fue la pregunta. La respuesta fue simplificar. De ahí nació **PATH** (Plan de Acción de Tres Pasos + Horas). Una mañana me presenté con mi equipo de trabajo y dije: «demos solo tres pasos, no permitamos las distracciones y confiemos». Para nuestra sorpresa, todo comenzó a funcionar. Nuestros indicadores de desempeño se equilibraron y nunca más volvimos a descender.

Fue mágico. También agotador, pero lo logramos.

Cuando me percaté de la magia de la simplicidad, hice lo posible por aplicarlo a los aspectos más cotidianos de mi vida intentando avanzar en cosas que habían estado estancadas durante mucho tiempo. Entonces entendí que para avanzar no necesitaba más que poner un pie frente al otro buscando soluciones a lo inmediato y después, verificar el resultado. Una vez hecho, tenía la posibilidad de replantear y volver a ponerme en marcha. No todo salió como yo esperaba, tuvimos que reflexionar en muchos momentos, y eso era lo que nos mantenía en el camino. Los aprendizajes de estos pasos conscientes fueron la clave de aquella experiencia.

Mas tarde vino este libro y la necesidad de compartir algo que fuera útil en el mundo de la locura y la complejidad. Así fue como nació *Baúl,Phi&Path*. Nada de esto es realmente original si lo vemos desde la perspectiva de la sabiduría de la creación. Su valor no reside ahí. Lo que propone es darte paz y ser amable contigo mientras avanzas en la consecución de tus sueños. Eso si es original. En este mundo la consciencia de la dureza y la disciplina con tinte militar es muy popular; pero no parece funcionar. Si no, no viviríamos en la neurosis y nuestra experiencia no sería de eterna carencia.

La propuesta de *Baúl,Phi&Path.* es simple: *mírate, ámate y avanza*. Esa es una gran tríada. Al mirarte no podrás más que caer rendido a tus pies, enamorado de ti mismo. Después solo será cuestión de hacer todo lo posible por no salirte del camino, te tiren lo que te tiren encima. Tu confianza será probada más de una vez, lo sabemos. Pero tú ya habrás aprendido a reconocer que eso que llamas problemas son ilusiones puestas a tu servicio para fortalecer a tu alma.

JUGAR Y DIVERTIRSE

¿Recuerdas cuando jugabas a construir casas con sábanas y palos de escoba? Este es probablemente el juego más divertido y, a la vez, el más significativo de la infancia. Construir un fuerte seguro es de las actividades más trascendentales de la vida. No estamos hablando de aislamiento, de hecho, era mucho más divertido si había más invitados al proyecto. Hermanos, amigos, padres, tu mejor amigo peludo; todos eran parte de una aventura extraordinaria. Era divertido buscar los elementos adecuados si no querías que todo aquello se viniera abajo con el primer movimiento efusivo de tu mejor amigo o el divertido y salvaje movimiento de tu gato.

Claro que siempre podías volver a empezar y fuiste aprendiendo sobre lo que le daba firmeza a tu gran castillo. También aprendiste a identificar lo que lo dejaba vulnerable ante tus graciosos movimientos infantiles. Un viejo calcetín podría funcionar, o qué tal tu cobija favorita a modo de cielo estrellado. Todo parecía servir para el proyecto y cuanto más usabas tu imaginación, aquello parecía aún más increíble y fabuloso.

Así se construye la vida, dejas que lo que tienes a tu alrededor funcione para ti. Si te vuelves flexible y curioso, podrás emprender con éxito. Nada te será negado si te atreves a crear desde tu corazón.

Al elegir lo que quieres crear usas tu *discernimiento*. Avanzas con *confianza* sabiendo que todo saldrá bien. La imagen mental de tu sueño extraordinario se sostendrá de la fe, que no es otra cosa que *certeza* disfrazada de algo que parecen obstáculos.

Estos obstáculos desarrollarán tu *fuerza interior* para que no abandones cuando todo se ponga oscuro y confuso.

En el trayecto te encontrarás con una tentación tras otra. Todo parecerá sacarte del camino. Todos hemos experimentado la tentación de abandonar nuestros sueños. Todos hemos saboteado alguna vez nuestra más alta visión. Aquí es donde la *fidelidad* a tu propia alma te servirá. Ella te devolverá al camino siempre. Te hará ver con toda ternura cuándo has dejado de disfrutar lo que haces, o cuándo te obligas a quedarte en espacios donde no te sientes nutrido y valorado. Te dará suaves codazos para que regreses a tu Ser, y si esto no es suficiente, la llamada de atención se hará sentir cada vez más fuerte. No es necesario que tengas un quiebre de vida como el que yo viví para ponerte al frente. No lo hagas. Mejor observa cómo te sientes y haz los cambios necesarios. No es necesario sufrir.

Para cada etapa de la vida tendrás que volver a ti. *Vaciarte* de todo lo que se supone que sabes es necesario para seguir aprendiendo. El soltar es necesario para recibir. El juego de los pilares de la consciencia lo incluye todo. Para los momentos de confusión, está el *silencio*. Para los momentos de tormenta, estará la fe. Para los momentos donde nada parece tener sentido, *contemplación*. Las leyes de la vida son claras y no admiten excepción. *Respeto* a cada momento, a tus procesos y a tu entorno. Respeto a tu corazón. No puede ser más simple.

Sobre estos pilares te sentirás fuerte y presente. En caso de que la tormenta arrecie, tu barco no naufragará. Estarás bien.

DISFRUTAR

Cuando tienes un propósito claro parece que puedas volar. Esto es así porque te sientes inspirado y la dirección que has puesto en tu *GPS* interno es clara. Para la mayoría de nosotros, lo que acabo de describir nos es ajeno. Hemos vivido nuestra vida desde el desconocimiento y la inconsciencia de quienes somos. Esto ha sido así durante millones de años, pero eso se terminó. La era de dormir ha terminado. Estamos estirando los músculos y apenas lanzando los primeros bostezos matutinos.

Cuando termines de aclarar tus ojos y veas el estado en el que se encuentra nuestro mundo, no te gustará. Mientras dormías pasaron cosas que pusieron a nuestra hermosa Tierra y todo lo que hay en ella de cabeza. No hay juicio en ello. Ahora estás despierto y eso es lo que importa. Estás a cargo. Eres el soberano de tu mundo y por ello no eres más un objeto de la manipulación.

¿Entonces qué harás? No puedes tirarte a dormir otra vez. Disfrutar es la palabra. Nada que tenga un valor imperecedero te puede ser arrebatado. Nada que sea perecedero te puede hacer realmente feliz. La vida se nos concedió para ser disfrutada, no fue condicionada a nada. La búsqueda de lo que es bueno para ti es tu única responsabilidad. No estamos hablando de egoísmo, sino de libertad para ser tú mismo, para ser quien has venido a ser.

Haber negado tu más alta verdad es lo que ha hecho de este mundo un lugar inhabitable. Recuperar tu identidad es lo que nos liberará a todos. Para ello es necesario que te expreses en el mundo. Deja tu huella en esta vida mediante tus proyectos. Puedes edificar una familia maravillosa o esparcir gracia mediante eso que solo tú sabes hacer, como ese platillo delicioso del que varias generaciones hablarán cuando tú te hayas ido. Todo ello parte de disfrutar. Nadie que se vea obligado a ser distinto de cómo es será realmente recordado.

La era de los mártires se terminó. El Maestro Jesús es el mejor ejemplo de ello; y puede que pienses que me equivoco tras dos mil años de verlo en una cruz. Déjame decirte que su legado no fue la cruz. Su muerte no fue lo que él nos quiso transmitir, sino Su Vida. Él, con su amor, se dio a sí mismo, para mostrarte justo lo contrario a lo que entendiste. *"Yo Soy el Camino, la Verdad y la Vida"*, dijo. Una tríada más que puedes tomar como el gran ejemplo de amor que fue Él como hombre.

El camino, amigo mío, es eso que estás transitando, no hay nada que deberías desear cambiar. La verdad es aquello que se nos pide expresar a través de quienes somos en realidad. Con ello no puedes generar más que vida, ¿qué otra cosa podría resultar de ello? El Gran Yo Soy haciendo un hermoso despliegue de alegría se expresó a través de estas palabras. Camino, Verdad y Vida. Un poema, ¿no crees? Por ello te digo que no puedes fallar, nunca podrás fallar. Esa es la gran promesa.

PILLAR - PHI

El atajo más grande y eficaz que te puedo compartir es usar los pilares de la consciencia. ¡Sí! y para eso quiero que conozcas a *Pillar – Phi*, ella es la guardiana de los pilares. Le gusta que le llamen *Phi,* esto es porque es más ¡chic! Así es ella, elegante. El numero *Phi* representa la belleza de la creación. *Pillar -Phi* es una especie de amazona, ella es la verdadera Diosa de la Fortuna. Te ayudará a dar estructura y fuerza a tu ser para que te levantes y vayas por la vida que mereces. *Phi* siempre te da, nunca te quita. *Phi* es la columna vertebral de tu ser. Sin ella serías algo así como un saco de huesos sin forma. Por eso se ocupa de darte fuerza y firmeza, por otro lado, te proporciona flexibilidad. Piensa en tu esqueleto, esa maravilla conformada por 206 piezas maestras. Has sido diseñado para que te puedas mover por el mundo sin más restricción que la que le impongas a tu imaginación. Tenemos 206 piezas únicas unidas por articulaciones. Esto es lo que da forma a tu esqueleto. Si no serías gelatina. Parecerías un frasco de *slime*. Tú sabes, esa gelatina pegajosa con la que juegan tus hijos.

    Piensa en los pilares de la consciencia como esos poderes que has visto en los superhéroes de las películas. ¿Quién serías si tuvieras la facultad de tomar siempre las mejores decisiones? ¿Quién serías si nunca te faltara confianza en ti mismo? ¿Quién serías en este momento si siempre, siempre, hubieras sido fiel a tu corazón? Te invito a reflexionar en estas preguntas. Estoy segura de que la fotografía que tienes de tu persona te haría sonreír mucho más que lo que lo haces ahora al verte al espejo.

¿Qué otro superpoder querrías tener? En las historias de superhéroes que hoy conocemos, nada sale bien. El héroe nunca para de pelear, y aquello parece siempre una batalla perdida. Con los pilares de la consciencia sosteniendo tus piernas, tus brazos y tu cabeza en su lugar, no tienes que pelear. Solo tienes que ser quién eres. Al recordar tu *fuerza interior* te pones en la vida como un superhéroe, pero el príncipe o la princesa en peligro a la que tienes que salvar eres tú. Si tu mundo se pone en caos y sobre tu cabeza no dejan de volar autos y pedazos de edificios como en estas películas, tu escudo será doblemente fuerte a través del *orden* y el *vacío* y, seguramente estará presente el *discernimiento* para que decidas si esa es tu batalla y te corresponde pelearla. Estas películas están llenas de superhéroes que salvan a personas que no pidieron ser salvadas, ni están dispuestas a recibir ayuda, lo cual, por cierto, es intromisión. No eres un héroe si te entrometes en los asuntos ajenos con la finalidad de darte un valor que no te corresponde. Tu *valor* no lo determina el número de personas que ayudaste, sino el número de personas que gracias a quien tú eres, no tienen que ser salvadas de ninguno de tus juicios.

Si quieres mejorar el mundo para de juzgar. ¿Quieres que pare la guerra? Deja de ponerte en el lado de los que "tienen razón". ¿Quieres que pare el hambre en el mundo? Para de matarte de hambre. Comienza a alimentar a tu alma. Alimenta a tus empleados con amor, reconocimiento y sustento; alimentos del alma y el cuerpo. Desarrollaré más estos conceptos en otro capítulo.

¿Te enferma la política? Deja de simular ser una buena persona y se una buena persona. ¿Qué tal empezar contigo? Dices que quieres ser una persona saludable, pero te enfermas viendo noticias mientras desayunas, comes y cenas. Dices que quieres tener salud mental, pero te envenenas con redes sociales.

Eso es jugar al político corrupto. Aparentan querer el bienestar de todos y luego… ¡chao pueblo! Nos vemos en las siguientes elecciones. A propósito de pueblo, si quieres que eso que llamas circo político pare, deja de consumirlo. El sistema político electoral subsiste porque el pueblo consume circo político; en todas las mesas familiares está la discusión sobre quien es más o menos malo para gobernar. En todas las sobremesas con amigos es la misma conversación. Nos polarizamos y luego nos decepcionamos cuando todo sale mal. ¡Stop! Amigo mío. No vamos a ningún lado con eso.

Los pilares de la consciencia son los principios de expresión del amor. Definir el amor puede ser difícil. Es tan grande y profundo que nos cuesta trabajo entenderlo y todavía más expresarlo. Comprender, integrar y vivir desde estos principios es como tener trece formas distintas de expresar el amor. Estas expresiones son aspectos de tu ser. Forman parte del cristal que tienes en tu interior y que, a modo de diamante, te muestran trece facetas de ti mismo.

Desde la desconexión en la que hemos vivido, nos cuesta trabajo entender lo que significa conectar con el corazón. Estoy segura de que has escuchado la frase *"escucha a tu corazón"* o *"el corazón nunca se equivoca"* y tienen razón. El problema es que en realidad no sabes de lo que te hablan. Es así porque te desenchufaste de tu corazón hace eones y hoy no encuentras el cable. Para eso son estos principios. Son como los filamentos internos de un cable que tienen una función conductora de energía. Los trece filamentos te conectan con el Amor en mayúscula. Por ello es tarea de prioridad uno que te animes a experimentar la completitud que te otorgan. Comienza por poner certeza y discernimiento en tus pies; paciencia y confianza para tus rodillas. Un poco más arriba vienen el respeto y la fuerza interior para tus caderas. Con ello hemos cimentado aquello que te hace moverte por el mundo y que te lleva por los caminos de tu propia inspiración. Ahora pasaremos a la parte de arriba. Vamos a fortalecer tus manos con el vacío y la ley de causa y efecto; para continuar añadiremos orden y valor en tus codos y, finalmente, silencio y contemplación para tus hombros. Por último, y a modo de un hermoso collar de perlas, fidelidad para tu cuello.

Tener estos principios integrados en tu estructura ósea, le otorgará a tu cuerpo lo que ningún suplemento ni rutina de ejercicio jamás podrán darle. Esto es porque vivirte desde la coherencia te hace invencible. Te hace inmune ante la pequeñez y la manipulación. Nunca te sentirás solo cuando tomes consciencia de tu completitud. Nunca más tendrás que transaccionar con nadie porque el ser que tú eres se da a sí mismo por extensión y reciprocidad, y por eso es cada vez más pleno y dichoso. Nunca más tendrás que agachar la cabeza como no sea para reverenciar a tu propio ser y al Ser que te creó.

Dar por extensión es agrandar. Si quieres compartir un sentimiento de gozo o alegría con tus seres queridos, no es que al compartir los detalles de eso que te proporciona dicha te quedes sin ello ¿cierto? Al compartir extiendes ese sentimiento con tus seres amados y por eso se engrandece. Eso es dar por extensión, nunca perderás, siempre te quedarás con más. Así es como da Dios-Padre-Madre a sus hijos.

Nunca ocurrirá que al dar a tu vecino o tu compañero de trabajo una bendición, se quede sin ella. Es imposible que la canasta de los milagros se vaya agotando hasta quedar vacía. Por eso la envidia y los celos no tienen sentido. Tú no sabes nada de tu vecino ni sobre tu compañero de trabajo. Crees que sabes algo, pero es mucho más lo que no sabes. Por ello solo dos palabras: guarda silencio. Ocúpate de tus propios milagros.

Por ello la bella *Pillar – Phi* es la compañera ideal para tu recorrido. Si estamos ocupados generando nuestros propios milagros, no tendremos tiempo para mirar el pasto del vecino, tampoco te ocuparás de lo que aparentemente está pasando en el otro lado del mundo.

Las noticias perderán sentido porque todo lo que necesitas saber lo sabrás si sabes a quien preguntar. Este es un tema importante. La intuición es relevante para cualquier ámbito de la vida, pero en el trabajo y los negocios es probablemente la mayor habilidad que debes desarrollar. Nunca deberías tomar una decisión sin consultar a tu Ser interno. Esto es fundamental que lo sepas, lo desarrolles y lo uses. La intuición es eso que llaman "corazonada" y tienen razón al llamarla así. La intuición es la habilidad del corazón para comunicarse contigo y compartirte su sabiduría. Tu ser interno siempre buscará tu mayor bien y su función es ayudarte a expresar tu mejor potencial. El Ser sabe la verdad sobre quién eres y siempre está presente para ti. Es tu maestro interno.

Una vez más se hace necesario que integres los principios de la consciencia para que eso que tu llamas tu mejor versión o tu mejor potencial, alcance su expresión en esta vida. De otra forma vives alejado de ti mismo.

Reflexionemos juntos ¿Qué es lo contrario al respeto? El irrespeto o la falta de respeto es no mirarte o ignorarte. Menospreciar al ser que eres. ¿Qué es lo contrario al vacío? Es llenarte hasta el hartazgo de eso que ya no quieres más. Es ponerte en situaciones que no te nutren ni a ti, ni a tu alma. Es un maratón de series en donde el "disfrute" salió volando por la ventana en la primera temporada. Es comer hasta reventar. Es beber sin control. Es el sexo desenfrenado, donde no hay conexión con el ser. Es pasar horas viendo las redes sociales. Es endeudarte por los próximos tres años para comprar la pantalla de televisión más grande. Podemos nombrar eternamente las muchas formas en las que te llenas la cabeza sin encontrar saciedad. Por ello, para reconectar con tu sabiduría interior, tienes que vaciarte. Parar te hará bien. Limpiar tu mente como quien limpia el escritorio de su computador es un gesto de amor y autocuidado.

Sigamos con la relevancia de vaciarse, es importante. ¿Alguna vez has visto tu guardarropa y sentir que no tienes nada que ponerte? Eso es lo contrario al vacío. Estás lleno de cosas que te dejan con ganas de más, pero tu insistes para intentar convencerte de que con esa blusa, zapatos, personas, comida, etc., estarás completo.

Vaciarte diariamente del día anterior hace que el nuevo día tenga la claridad para saber a dónde ir. Con la certeza estarás dando los pasos adecuados para conseguir tus sueños. Llenar tu mente aceptando los pensamientos y opiniones de otros te deja con el guardarropas lleno de prendas que no te satisfacen, porque las seleccionaste desde un estado inconsciente. Así es tu mente en el estado actual. Está llena de pensamientos, emociones e ideas de lo que el mundo dice que está "en tendencia". Así llegamos al consumismo y al estado de percibirte irónicamente "vacío", pero lo que en realidad sientes es falta de sentido, falta de entusiasmo.

Así tu alma se queda mirándote y dice: «saca todo eso del guardarropas de tu mente, volvamos a empezar con el corazón como tu único *"influencer"*». Nadie más te ayudará a decidir lo que en verdad quieres contando con la verdad como guía. Hay que aprender a soltar. Deja que se vaya todo lo que no corresponde a tu mejor potencial, para ser llenado con todo aquello que si te hace sentir pleno por ser bueno para ti.

Sigamos. ¿Qué es vivir ignorando la ley de causa y efecto? Es más o menos como has vivido toda tu vida. Suena fuerte

¿verdad? Vivir ajeno al hecho de que nuestras acciones y decisiones crean nuestra experiencia de vida, nos conduce a poner el plástico en el océano pretendiendo que si no lo veo, no me afectará. El océano que es sabio continuará moviéndose por nuestra tierra y te dará pescado. También supongo que te gusta ir a la playa, meter los pies en el agua para que te acaricien y seguro a tus hijos les gusta construir castillos y llenarse el calzón de arena. Entonces ¿dónde quedó el plástico?

El orden ha sido, probablemente, uno de mis mayores desafíos de vida. Confieso que trabajo en ello aún. Así fue como se gestó *Baúl,Phi&Path.* Requería orden en mi mente y en mis proyectos para contrarrestar el perfil disperso y caótico de mi pensamiento y, por supuesto, de mi mundo. Un fin de semana salió de mi corazón dándome alivio en muchos sentidos. Al ordenar nuestras ideas podemos descansar. Descansar de verdad.

Poner en blanco y negro lo que piensas y quieres lograr te ayudará en varias formas. Como ya dije le da a tu mente libertad. Por otro lado, esas ideas al ser puestas de manera metódica cobrarán sentido para ti por lo que podrás ver en qué fase del camino te encuentras y si en verdad estás avanzando.

Por último y muy importante, les dará un toque de realidad en tu mundo al hacerlas tangibles. Poner sobre el papel o el computador —mejor el papel— aquello que consideras relevante, ayudará a dotar de energía creativa a tu proyecto y eso lo potenciará. Hablaremos más sobre este aspecto cuando revisemos las leyes que rigen el universo.

Todo en el universo tiene su lugar. El azar en realidad no existe, sí la resonancia. Respetarlo es muy importante en los negocios y en la vida. Es verdad que podemos ser flexibles en nuestros proyectos, pero gatear antes de caminar es importante por una razón. Existe un ejercicio neurológico y de coordinación motora que se activa cuando un bebé gatea. Saltarse ese paso no te matará, pero tendrás que comenzar ese aprendizaje más tarde cuando quieras bailar o hacer deporte. Es parte de tu maduración.

Así en los negocios, es requerido llevar un orden. Reiterando este punto, un buen comienzo es determinar *qué quieres* y después pasarlo por la prueba de fuego al preguntarte *para qué*. Una vez que determines si ese proyecto tiene sentido en tu corazón y está alineado con tus valores, irás deslizándote por cada ola que se presente. Al hacerlo, puede que tengas éxito, puede que no, pero siempre sabrás que lo hiciste con el corazón. Esto te dará el tesoro del aprendizaje y podrás volver a intentarlo con más fuerza y más sabiduría.

La contemplación es uno de mis favoritos ya que nos acerca a nuestra propia verdad. Observar con los ojos de la sabiduría nos aclara lo que está ocurriendo de una forma más amplia. La observación de tus emociones, por ejemplo, es como mirar el tablero de un auto. Te informa qué está ocurriendo en el vehículo y en el trayecto. Reconocer qué estás sintiendo es una herramienta muy poderosa. Te indicará con focos rojos si se está acabando el combustible. Si optas por ignorarlos te quedarás varado con una crisis de ansiedad. Es importante observar que la ansiedad nunca es la primer señal de alarma, siempre verás que antes de tener una crisis de ansiedad tuviste dolores de cabeza, claras señales de cansancio, tristeza inexplicable, etc. Todas estas señales surgieron de tu cuerpo para indicarte que algo no andaba bien. De haber estado en modo contemplación habrías podido preguntarte, «¿de dónde viene este dolor de cabeza?»

Al hacerlo con consciencia y con un poco de paciencia podrías haber observado los sucesos a tu alrededor o en tus pensamientos; y habrías podido entender el origen de la molestia.

Con esa información descubrirías que estabas molesto por el modo en que se llevó a cabo aquella reunión de trabajo donde no supiste que decir. Tal vez te sentiste tratado de forma irrespetuosa por tu pareja y dejaste que el problema creciera. Son muchas las razones por las que tu cuerpo, que es tu mejor aliado a la hora de interesarte por tu mundo interior, se comunica contigo. Hazte el regalo de estar presente para ti mismo y contemplar con curiosidad qué hay en tu interior. Al hacerlo solo encontrarás riqueza.

A la contemplación le sigue el discernimiento. Si te encuentras presente y te interesas por tu mundo interior con honestidad y respeto, puedes estar presente para lo que está ocurriendo en tu entorno, en tus negocios o en tu empleo. De ahí puedes tomar toda la información que requieres para una toma de decisiones correctas. De otra forma te quedarás mirando sin entender nada de lo que te ocurre y con ello caerás en la tentación de optar por culpabilizar al exterior. La contemplación o lo que es lo mismo, observar sin juicio, te permite mirar con amplitud. Esto es vital para los emprendimientos ya que al hacerlo podrás tomar oportunidades que nadie más ha visto y actuarás con precisión.

Cuando nos encontramos en el ejercicio de hacer un proyecto significativo, siempre se presentará el miedo al fracaso, el miedo a la bancarrota y al ridículo. Por ello la confianza, el discernimiento y la certeza formarán un eslabón de triple fuerza que te ayudará a llevar tus sueños a planes de acción realizables. La certeza es un aliado fundamental porque en los días que corren, la falta de fe en nosotros y en la vida, es quizás uno de los mayores males en el mundo. El mundo se torna difícil cuando la certeza, que es la base científica de la fe, se encuentra mermada. Fortalecerte en la certeza de que la vida siempre nos sostiene, es fundamental en el mundo ilusorio de la carencia.

Es La Vida la que sabe todas las respuestas. Es la proveedora de todo lo que requieres, por eso se llama Vida, con mayúscula. Sé que la palabra Dios puede no gustarte, pero de eso se trata todo. La Vida es la que provee toda la sustancia mágica para moldear tus proyectos. La arcilla, el torno con el que das forma, tu talento y tus manos, los proveyó La Vida. Amasar esa masa milagrosa te corresponde a ti. Puedes hacer de ella un bello jarrón o una vasija. Tú decides. Esto habla del libre albedrío, que también te fue dado. Todo fue puesto en el universo por la misma Fuente. El Creador o La Creadora. Ambos tal vez.

El Amor, es la principal fuente creadora. Si acudes al amor para todo lo que se presente en tu vida, siempre tendrás una respuesta. Tal vez no es la que esperes, ni la que a tu ego le gustaría, pero si es la que necesitas para ese momento y lugar.

Los principios o pilares de la consciencia son formas de amar. En algún momento de mi proceso de sanación se me dijo que debía aprender a amarme. Había olvidado como hacerlo por haberme metido de cabeza en el mundo del ego que siempre te habla de miedo. En mi entorno había toda clase de sustitutos del amor, premios, reconocimientos, algo que llamaré "éxito profesional"; personas, cosas y toda clase de sustitutos del amor. Por eso no podía ver con claridad lo que en verdad quería crear para mí.

No tengo nada en contra de lo que llamamos éxito, es bueno avanzar en la vida, aprender y crear con lo que tienes. No estoy diciendo que los premios y todo lo que gané en mi recorrido corporativo no hayan sido bien merecidos, de hecho, trabajé mucho para ello. El problema con todo ello es que no pueden sustituir al amor realmente. No cuando para ganarlos te quedas seco. Dices sí, cuando quieres decir no. Cuando para ganarlos agachas la cabeza ante las injusticias y malos tratos que recibes.

En algún momento de mi desempeño profesional me di cuenta de que en mi corazón se estaba gestando algo más grande. Algo que cuando lo pensaba, podía sentir mi corazón latiendo fuerte. Aun así aplacé y evadí el cambio por miedo a quedarme sin nada. Cuando me di cuenta hice todo lo que pude para construir un puente de transición mientras investigaba que era lo que realmente quería hacer. Cuando la respuesta asomaba la cabeza, yo volteaba para otro lado y decía «¡No! Aquí estoy bien, soy buena en lo que hago. Es una locura dejar el "sueldo seguro" para ir por un sueño que no parece ser más que eso, un loco sueño». Así puse en pausa mis proyectos, aun cuando me daba cuenta de que al hablar de ellos, se me iluminaba el rostro y parecía que pudiera volar.

Me aferré a la falsa seguridad por varios años hasta que no fue posible aplazar esa decisión. Esto, amigo mío, es lo contrario a la *fidelidad*. Aquí hablamos de la coherencia. Debo decir con el corazón abierto que el aprendizaje tuvo un costo muy alto en mi salud física, mental y emocional. También surge de mí decirte que lo que te acabo de describir en unas cuantas líneas, fue el salto cuántico que me llevó a volver a creer en mí misma y me puso a escribir estas palabras. Me llena el alma decirte que me honro por el recorrido y te honro por acompañarme en ello.

Así que, si como yo, pones los ojos en blanco cuando te dicen que debes aprender a amarte y no tienes idea de qué hacer o por dónde empezar, usa los pilares de la consciencia, te aseguro que al trabajar con ellos e integrarlos a tu vida, sin darte cuenta, en algún momento te estarás dando todo el amor que nunca imaginaste. Tu vida se transformará como se transformó la mía.

PUENTE DE CONEXIÓN

Comprendo por haberlo vivido en primera persona, que dar el paso para dedicarte a lo que hace feliz a tu corazón puede hacerte sentir inseguro, tal vez aterrado. Esto es porque nuestro condicionamiento de carencia y sacrificio aún se encuentra enquistado en la psique colectiva.

Todos hemos escuchado historias de personas que querían ser bailarinas o pintoras y sus familias les dijeron que morirían de hambre al dedicarse a construir sobre sus talentos. A muchos se les pidió ir a la universidad, antes de dedicarse a ser chefs, sanadores holísticos o deportistas. No estoy menospreciando la educación universitaria y de posgrado. Todo es requerido en este mundo donde se nos piden soluciones diversas. Lo que intento establecer aquí es que hay un lugar para cada persona, hay un espacio singular donde puedes y debes desarrollar tus talentos. Debes buscarlo y tal vez para eso tengas que aventurarte en diferentes sitios. Una vez lo encuentres no creas que todo será un paseo en el parque y no tendrás que afanarte en ello. Por el contrario, la música, así como todas las artes, requieren horas de práctica para hacerlo con maestría.

El buen sanador sabe que deberá curarse a sí mismo para poder ayudar a otros. Esto en sí, ya es una tarea descomunal. En mi caso, el desarrollo de mi alma y mi propia sanación se convirtió en mi vocación, y de ahí surgió mi abundancia y mi sustento. Todos tenemos caminos que debemos transitar, y estos pueden resultar dolorosos, no porque sea requerido para tener éxito, todo lo contrario; sino porque puede ser que necesites caer y levantarte varias veces para desarrollar tu fuerza interior.

Por ello *Baúl* te preguntará con toda razón por tu experiencia, tus éxitos, tus fracasos, tus proyectos sin terminar, etc. Hará esto para que tomes consciencia de ellos y de su riqueza. Nada de lo que has vivido es un desperdicio si lo usas para construir tus peldaños. Así dejaremos de usar a nuestros compañeros de camino como escalones para "prosperar".

No requieres más que una mirada honesta y compasiva de tu historia de vida para sacarle toda la sustancia mágica que puedes requerir y así construir tu puente. Un puente sólido en tu vida requiere de la ingeniería más desarrollada sino quieres quedarte colgando en el primer intento. Esa ingeniería se compone del análisis correcto de cada momento significativo en tu vida. En mi caso pude ver con claridad que siempre me encontraba siendo la depositaria de relatos de vida en muchas situaciones cotidianas. Un día llevaba al taller mecánico mi auto, y el ingeniero me contaba sus éxitos, así como todo lo que tuvo que pasar para ello. Otro día iba al salón de belleza, y la persona a cargo me compartía sus maravillosas historias de vida y cómo superó retos muy duros. En otra ocasión fui a presentar mis servicios de consultoría a un respetable empresario del área, y pasé más de una hora escuchando su historia con datos muy personales e íntimos. Así me di cuenta de que uno de mis talentos era simplemente escuchar sin juicio. Solo escuchar. Esto puede ser muy sanador para las personas. Escuchar es un acto amoroso que debemos aprender a darnos unos a otros.

Fui dotada con una alta sensibilidad que por mucho tiempo supuso en mi vida una maldición. Ser sensible en el mundo de la rudeza representó para mí un ejercicio altamente complejo. Al no soportar el ruido, las luces artificiales y los ambientes con mucha gente, me fue difícil moverme en nuestro mundo. Asistir a fiestas, centros comerciales, aeropuertos, entre otros espacios cargados de energía caótica, me dejaba agotada, por lo que tenía que resguardarme por algún tiempo antes de volver al exterior. Esto siempre representó un problema para las personas con las que me relacionaba, incluidos mis jefes y compañeros de trabajo en el ambiente corporativo en el que estuve durante muchos años. Las reuniones de trabajo, que más que ser de trabajo eran de eterno conflicto y juegos de poder, mermaron mi salud poco a poco. Cuando fui a parar al hospital por presentar signos de inflamación, dolor, problemas estomacales y estrés mental, supe que algo no andaba bien en mí. Al recibir el diagnóstico de fibromialgia y fatiga crónica no fui capaz de hacer los cambios que requería mi sanación. Ignoré por mucho tiempo todo aquello valiéndome de los fármacos que me recetaron, aunque nunca resolvieron el problema. De hecho solo lo agravaron. Fue hasta que decidí apoyarme de otras ramas de la medicina, como la medicina tradicional, ancestral e integrativa, que pude comenzar a sanar. Aun así, lo que yo llamaba "mi problema" persistía llenándome de frustración.

Lo que en realidad me ocurría tenía un nombre más simple y a la vez esclarecedor: Incoherencia. Es una palabra dura y al mismo tiempo honesta. Mi verdadera vocación estaba oculta a plena vista en eso que yo llamaba "mi problema de sensibilidad". Esa sensibilidad es en realidad un don que no supe por mucho tiempo que lo era. Esa sensibilidad estaba asociada a una alta empatía hacia mi entorno haciendo míos los problemas de mis amigos, familiares y compañeros de trabajo. Esto por supuesto era agotador e insostenible, aun cuando pasaron cuarenta años antes de que comprendiera que bien reconocido e integrado en mi persona, esto era una bendición y no una maldición.

Al hacer investigación para nutrir las bases de todo lo que te comparto aquí, supe que lo que yo llamaba como "mi mente compleja" —y al decirlo ponía los ojos en blanco por verlo como un defecto —, me encontré con el científico Edgar Morin. Este filósofo y sociólogo de origen francés, describió el pensamiento complejo como "Transdisciplinariedad" —¡vaya palabra!—. Esta es una habilidad para sentir, ver y conectar las partes de una situación, para luego ofrecer un enfoque nuevo y efectivo. La transdisciplinariedad es útil en muchos ámbitos ya que ayuda a tomar decisiones argumentadas, innovadoras y objetivas asociadas al pensamiento integrador. Es decir, ver las partes del problema como un todo. El pensamiento integrador o complejo como lo llamó el Dr. Morin, incluye tres aspectos básicos: El dialógico que se refiere a que las partes de una situación o problema a resolver establecen comunicación entre ellas. El segundo aspecto es el recursivo que nos señala que estas partes se influyen unas a otras. El último elemento es el hologramático, esto significa que las partes están en el todo, como el todo está en las partes.

Los estudios del Dr. Morin han evolucionado al ser objeto de nuevas revisiones de otros especialistas de la psicopedagogía, las neurociencias y otras disciplinas, por ello te invito a profundizar en esta habilidad del pensamiento, debido a que en la generación de nuevos proyectos es fundamental. La visión amplia que requieres para tomar decisiones asertivas en favor de tus proyectos te ayudará a encontrar soluciones que pueden no ser aparentes para otros, pero para ti si lo serán. En mi caso, no fue hasta que profundicé en mí misma que pude identificar esta habilidad en muchas situaciones de mi historia académica y laboral en donde por ejemplo, mis socios me pedían que asistiera a reuniones importantes para ellos, ya que mi perspectiva siempre les aportaba tranquilidad al saber que yo podía ver lo que ellos no, aun cuando mi participación solo fuera de observadora. Recuerdo haber escuchado en más de una ocasión frases como: «¿Cómo lo haces? «¿Cómo sabes eso?». Viene a mi mente también, el recuerdo de haber impresionado a un importante ejecutivo de una multinacional, quien me comentó: «nunca nadie, en mis cuarenta años de experiencia me había hecho las preguntas que tú me has planteado» Por ello insisto en que debes conocerte en profundidad. No sabes si esa rara habilidad para memorizar las placas de los autos puede convertirse en tu medio de sustento. Cosa que por cierto, también puedo hacer, aun cuando no he descubierto para qué me sirve.

Por su puesto, esta forma de pensamiento que puede ser entrenada, no solo es para el trabajo, sino para la vida cotidiana. Imagina como serían tus relaciones si en vez de asumir que sabes todo de una situación con tu pareja o en la educación de tus hijos, te atreves a mirar con amplitud verificando cada parte de la situación en vez de asumir. Esto en sí nos ayudaría a desmantelar la mitad de los conflictos ya que como hemos experimentado todos, asumir algo es muy peligroso para nuestras relaciones. Si por otro lado nos entrenamos para ver y analizar la forma en la que están conectadas todas las cosas en nuestro entorno, sabremos también que cualquier cambio que hagamos en ello, afectará a todo el sistema en cuestión. Eso es pensar de forma estratégica. Por último, la visión hologramática nos ayudará a ver el mundo y vernos a nosotros mismos siendo una parte y a la vez el todo. Esto es revolucionario si consideramos como es la dinámica en nuestras empresas, en donde cada quien ve su interés. Nada más alejado de la realidad, todos formamos parte de ese todo para bien o para mal.

Si podemos mirar las situaciones de nuestra vida de esta forma, accederíamos a versiones mucho más completas de los desafíos y así ofrecer soluciones efectivas. El Dr. Morin aborda el tema proponiendo enseñarnos a pensar de esta forma desde la etapa formativa y escolar para dejar de lado el enfoque limitado con el que ahora se vive en todos los ámbitos. Esto representaría un avance enorme para la humanidad, considerando como está establecido el sistema educativo actual. En las aulas solo vemos datos inconexos enseñándonos a memorizarlos para así pasar el examen. Aunque no es válido generalizar, esto es más común de lo que nos gustaría. Por eso cuando te gradúas te enfrentas a una desoladora decepción al darte cuenta de que en realidad no sabes nada. Ni siquiera recuerdas cómo lo lograste y para qué estudiaste lo que estudiaste.

Regresando a mi historia, saber esto le otorgó un nuevo enfoque a mi experiencia ya que yo nací con esa habilidad. No tuve que aprenderla. Esto vino acompañado de una intuición muy desarrollada, sumada al enfoque resolutivo que me regaló mi abuelo al pasar muchas horas con él en mi infancia. Aunque él contaba con apenas dos años de instrucción primaria, lo vi resolver diagramas muy complejos de electrónica avanzada en idiomas que ni siquiera hablaba, construir aviones de aeromodelismo, diseñar muebles muy finos y reparar todo lo que se descomponía en casa y en las casas de los vecinos. Aprendí, al ser su ayudante, que todo tenía una razón de ser y justo en eso radicaba la solución. Recuerdo haberlo escuchado exclamar con frecuencia: «¡como chingados no!», que traducido a un lenguaje menos florido significaba: *"Siempre hay una solución para cada situación"*.

En resumen, y haciendo uso de mi transdisciplinariedad —no te culparé si no puedes pronunciarlo—, mi alta sensibilidad y mi habilidad de ver todo de manera holográmatica, fueron las que me permitieron estudiar una ingeniería, lograr excelentes resultados en el mundo corporativo y también escribir este libro.

Al convertir este libro en una experiencia inmersiva transformadora que he llamado *"Mi bienestar"* sé que ayudaremos a muchas personas —más de las que ni siquiera soy consciente— a reconectar con su Corazón. Tal hazaña no ha sido sencilla, y ciertamente no he estado sola en este proceso. Tuve que permitir que La Vida me tomara de la mano y me enseñara como vivirla desde el corazón. Esto también implicaría establecer acuerdos de colaboración tan hermosos como retadores con personas de muy diversos orígenes. He sido bendecida por ello.

Una vez que hayas escrito el libro de tu vida, que pueden ser unas cuantas páginas o todo un manuscrito, usa las situaciones que se repitan y aquellas que te devuelvan emociones fuertes al relatarlas. Estas últimas son muy poderosas porque al estar cargadas con emociones intensas, sabremos que eso tuvo un alto significado para ti. Tendrás que atenderlo con especial cuidado. Tal vez requieras ir a terapia para sanarlos porque sin perdón, no hay regalo. Obsérvalo con atención.

Perdonar lo sucedido es el único camino para integrarlo en tu vida de manera que sea un recurso y no un bloqueo o fuente de sabotaje. En muchas ocasiones la carga emocional de la que dotamos nuestras experiencias es un velo que no te deja ver con claridad tu responsabilidad sobre los sucesos. Esto genera una distorsión que da pie a interpretaciones erróneas de lo que en realidad ocurrió. Bañar tus experiencias con compasión te revelará el verdadero significado, y solo así podrás acceder al tesoro que te otorgan, como me ocurrió a mí.

Construir un puente de conexión entre tus sueños y tu historia pasada requiere que dejes atrás todo lo ocurrido. No me refiero a meter tus recuerdos en una caja y ponerlos en el desván de tu inconsciente. Eso no sirve. Dejar atrás y soltar el pasado solo puede hacerse cuando has mirado con atención y has dejado de otorgarles realidad en el presente. Estás en el presente. Tus más caros anhelos están en el presente, no en el pasado, ni siquiera en el futuro. Están donde tú te encuentras. Al darte el regalo del perdón puedes entonces cortar con el juicio de que fueron malas, sino que fueron necesarias para tu evolución. No te enredes más con ello.

Entonces, si ya has soltado la carga mental y emocional de toda tu experiencia, significa que ya has quitado la envoltura a tu regalo y puedes comenzar a usarlo para tu super proyecto de vida o emprendimiento.

Ahora observa el presente ¿Dónde estás en este momento? ¿Qué hay a tu alrededor? ¿Qué llama tu atención? Es ahí donde puedes comenzar a explorar para qué son los diamantes que traes en las manos. En donde tú te encuentras hay toda clase de oportunidades. Nunca estás en el lugar incorrecto para comenzar. Ofrécelos al universo. Estoy segura de que como yo recibirás contestación y se te dirá qué puedes hacer para hacerlos crecer y verlos multiplicarse.

El método *Baúl, Phi&Path* incluye el desarrollo de un proyecto. Lo expliqué cuando te presenté a nuestra bella *Path*. Avanzar en tríadas es una buena manera de aventajar en tus objetivos sin desesperar. En el mundo de hoy existe una inmensa gama de herramientas tecnológicas para gestionar tu proyecto. Puedes investigar y verás que la herramienta adecuada aparecerá para ayudarte en tu tarea. Al final de este libro he incluido un resumen gráfico para que puedas comenzar.

No mentiré al decirte que no tendrás que invertir tiempo y corazón en el desarrollo de tu proyecto. Tal vez como ocurrió conmigo y la mayoría de mis clientes, tendrás que pasar por varias versiones para ir refinando tu idea a fuerza de prueba y error. Es decir, avanzas, verificas resultados y corriges lo necesario. Avanzas nuevamente, respiras, te ríes, disfrutas y sigues en espiral hasta el final. No hay más complejidad que esa. Se trata de vivir, para eso estás aquí.

Según mi experiencia este proceso tiene varias "trampas", usaré esta palabra por no encontrar otra mejor para describir lo que ocurre cuando te sientes atascado, cuando retrocedes, cuando dudas y vuelves a sentirte desorientado. Para ello una vez más te pido que revises los pilares de la consciencia. ¿Dónde te has perdido?, ¿has sido fiel a tu objetivo y a tu corazón?, ¿has respetado tus planes de trabajo?, ¿te falta certeza o tu fe ha crecido aun cuando no puedas ver el final del camino?, ¿has perdido la confianza y sientes que no estás hecho para esto? Una vez que hagas una revisión honesta de la situación date un gran abrazo, perdónate y sigue adelante.

Me detendré en algo fundamental para la construcción del puente hacia tu proyecto de vida consciente. No recomendaría ni por un segundo que dejes tu empleo actual —si lo tienes— y te lances de cabeza al proyecto. Al hacer esto solo te pondrás en angustia. Idealmente, la energía con la que emprendes un proyecto debe estar limpia de miedos e inseguridades que solo te paralizarán. Además es necesario que aprendas a ser agradecido con tu estado actual en vez de rechazarlo y criticar el sistema en el que estás inmerso. Antes de salir de ahí por la puerta delantera analiza tu recorrido y observa tus aportaciones al trabajo que tienes. Date el regalo de observar dónde te has quedado corto y no has dado lo mejor de ti.

Mira todo con compasión pero sin autoengaño. Si puedes pide retroalimentación a tus compañeros de trabajo o a tu jefe. Pide una evaluación a tus clientes para identificar qué es eso que tú no has puesto y en dónde debes mejorar. Al ser honesto en esta observación tendrás herramientas invaluables para tus siguientes pasos. Si no has trascendido la pereza o la crítica, te la llevarás a la siguiente estación como una pesada maleta que solo te retrasará. Si eres impuntual y te falta orden o confianza en ti mismo, tendrás que trabajar en ello. No hay atajos para eso.

Si en tus relaciones actuales hay desconfianza, esa es materia prima para desarrollarte en ello. No tu pareja, no tus colegas. Tú. Solo tú puedes hacer ese cambio.

La construcción de tu puente de conexión hacia una vida consciente, se hace dando un paso a la vez. *Path* es muy estricta en esto porque el universo funciona así. Pones un pie con confianza en el primer peldaño, aun cuando no puedas ver si el terreno bajo tus pies es lo suficientemente firme. Se llama fe. Al darlo te fortaleces para dar el siguiente y luego el que sigue. El universo es generoso cuando se trata de la certeza. Das uno y te da uno, das dos y te da cuatro. Das cuatro pasos y te verás volando. Así de bella es la creación.

De nuevo, haciendo investigación para las bases de este libro, me topé con información que me ayudó a confirmar lo que de alguna forma ya intuía. Según un importante estudio realizado a nivel mundial sobre emprendimiento, las personas en todo el mundo tienen dificultades para emprender por un solo motivo. El miedo a fallar. No se consideran aptos para ello y debido a eso no emprenden. En el otro lado están los que se consideran demasiado aptos —autoengaño— y por eso fallan. Pero el estudio va aún más lejos. Esta condición no hace distinciones entre continentes ni países, tampoco habla de recursos financieros disponibles para invertir. El miedo al fracaso es un mal colectivo. Esta ilusoria estructura mental es lo único que nos impide triunfar, brillar y ser libres.

El miedo es lo que ha mantenido a la humanidad en la esclavitud por más tiempo del que somos conscientes. Para nuestra bendita suerte, esto se terminó. Saber que el miedo es solo una ilusión es el primer paso, es decir, tenemos que mirar lo que hay detrás de la cortina. Lo segundo será reírnos a carcajadas hasta que nos duela el estómago. Sí. Este paso nos sanará de todo aquello que nos causa el miedo en el sistema nervioso y en todo nuestro cuerpo. En cada carcajada expulsaremos todo lo que no sirve y al final tomaremos una bocanada de aire puro. Llenaremos nuestros pulmones y con ello estaremos listos para el siguiente y más increíble paso. Brillar.

Brillar no es algo que se haga, es algo que se Es. Una vez más te pido que observes a la naturaleza. Nuestra madre *Gaia* no se dejó nada para después. Ella pensó a cada ser que caminaría, volaría o nadaría sobre la tierra con perfección. También pensó en todo lo que nos regalaría una sonrisa y nos proporcionaría placer y disfrute. Todo lo que hay en ella es singular y bello. Observa las pequeñas hojas del césped. ¿Cuál es más bonita? ¿Cuál es más importante? Al poner tus pies sobre su majestuoso e inteligente tejido, no te es posible distinguir cuál de ellas es la responsable de darte tan sublime experiencia. Es la obra en su conjunto la que brilla bajo tus pies.

Pensemos en aquello que disfrutamos hacer. En mi caso se trataba de escuchar a las personas y observar más allá de ellas. Es decir, mirar el alma al observar en la profundidad de los ojos. Captar aquello que no dicen pero que grita más alto que el silencio. Para ello tuve que pasar un tiempo viendo y oyendo desde el juicio, desde los paradigmas arraigados en mi sistema mental - social. Una vez que pude hacer la distinción entre mirar con ojos limpios y mirar a través del cristal empañado por lo mal vivido, pude elegir sorprenderme con la brillantez de las personas con las que compartía mi tiempo. Esto me ayudó a presentarme de un modo más honesto y ciertamente más amoroso. No puedes ver la verdad de ti mismo sino puedes ver la verdad en los demás y a la inversa. Tampoco puedes amar debido a que tus juicios siempre son algo tuyo. Son tus creencias las que nublan la verdad. Eso no es amar.

Esto me ha servido para proporcionar un espacio seguro para las personas. Esta no es una habilidad menor. Las personas requerimos espacios seguros más que cualquier otra cosa en nuestras vidas. Es al sentirnos, aceptados, sustentados y valorados, como podemos aceptar nuestra belleza, inocencia y genialidad. En ese espacio puedes crear lo que sea, ya que las personas no tienen que ponerse máscaras para hablar contigo ni se sienten como si estuvieran en un examen de oposición. Hacerle saber a las personas que está bien ser quienes son, es la mejor forma de mostrarles respeto y, en definitiva, la única de saber si somos realmente amados y si estamos amando.

Presentarme en mi entorno desde este nuevo paradigma lo ha cambiado todo. No es que todo el mundo me quiera o me acepte y ciertamente no ha sido esa mi experiencia. Tampoco es que todo en mi vida haya cumplido mis expectativas, pero sí que puedo decir que todo es más placentero y suave. También me ha proporcionado la claridad para distinguir lo que es bueno para mí y lo que ha dejado de tener sentido, y por ello tendrá que ser invitado a pasar a la sala de los agradecimientos. Con esto quiero decir ¡Adiós!

Qué puede brillar más que la congruencia y la autenticidad. Observa tu sol —no de frente, claro está—. Mejor dicho, siéntelo, siente sus rayos de luz y su radiación acariciando tu piel. Siente el calor que este te proporciona. ¿Te parece que el sol finge ser brillante? ¿O que pretenda que no te quemará si te expones más de la cuenta? El sol será congruente con lo que es, pura radiación que proporciona vida, pero si no la entiendes, te quemas. Él es Él. No puedes enfadarte al respecto y, si lo haces, no es que él intente ser un "mejor sol" para que tú lo aceptes. Se mantendrá siendo quien es y tú tendrás que ser más cuidadoso contigo mismo. Así es la majestuosidad de la vida. Así el Sol. Así Tú.

ABUNDANCIA

El éxito material es probablemente una de las más populares metas de la humanidad. Yo creo que es fundamental experimentar el éxito material. De hecho creo que una de las mejores formas de saber sobre tu desarrollo espiritual, es a través de eso que llamamos abundancia. El éxito de la expansión de tu alma en nuestro mundo puede verse a través de tus creaciones materializadas. Desarrollaré esta idea lo suficiente ya que no podemos hablar de negocios sin pensar en riqueza material. Ganancias y dinero son temas que tendríamos que tomarnos más en serio y hablar de ello tendría que ser natural y lejos de toda pretensión absurda y prejuicios.

Ya comentamos sobre la forma en la que está distribuida la riqueza en nuestro mundo. El que te mantengas en "modo carencia" es conveniente para la forma en la que se constituyó el mundo en sus primeras eras. Nada ha cambiado durante milenios enteros con respecto a esto. Imperios, monarquías y todos los constructos sociales y políticos que conocemos, nos llevan al mismo lugar. Unos cuantos pueden acceder al "reino" y el resto tendrán el "honor" de servir al rey. Conveniente programación ¿cierto?

Para el mundo que nos proponemos construir aquí es necesario que entendamos esta programación y cómo influye en nuestras interacciones cotidianas. Redefinir el trabajo pasa por entender por qué hemos construido un mundo en el que trabajo funciona como funciona. No parte del hecho de ponerte como la víctima del mundo, de hecho, es esa postura de víctima la que te mantiene atado a un sistema en el que te percibes carente de poder. Esperas que los gobiernos resuelvan tus problemas financieros y como no lo hacen, has optado por no hacer nada al respecto o, simplemente, te acomodas sin preguntarte qué más hay. Eso te convierte en súbdito, en esclavo y en mártir. Las religiones también han hecho su parte, han moldeado tu mente con ideas muy convenientes para servir a la voracidad de unos cuantos. Compras todo lo que te venden, pagas con tu libertad por eso que te han dicho que es necesario para ser feliz.

Te educaron para sentirte cómodo en tu pequeño mundo de carencia y de hecho te dijeron que eso es ser "espiritual". Todas las religiones y los esquemas políticos, sociales y culturales, están diseñados para eso. En el trayecto tu verdadero Ser se ha puesto al frente, te llama a que despiertes y recuerdes quién eres. Pero tú no quieres porque sientes miedo. Has sido perseguido, encarcelado, humillado y martirizado una y otra vez cada vez que te revelaste a esa esclavitud. En tu memoria celular está impresa la historia de tu alma. Ese condicionamiento se despierta cada vez que quieres animarte a emprender un camino nuevo y distinto al que has recorrido en la era de la esclavitud. Por eso te da miedo. En tu psique que está conectada a todas las dimensiones del universo, es decir, es multidimensional, yace el recuerdo de las heridas recibidas a causa de haber sido esclavizado y también están las heridas que recibiste siendo el monarca enfermo de poder.

Sí, lo que estoy describiendo también forma parte de ti y de mí. La historia de nuestra alma no se limita a este tiempo ni a este lugar, ni siquiera a esta galaxia. «¿Qué estás diciendo?, ¿ahora si ya me perdí?» Te escucho gritar: «¿Estás diciendo que mis problemas para pagar la renta tienen su origen en otra galaxia?» Sí. Aunque depende del recorrido de tu alma. Sé que una vez más tendrás la tentación de cerrar este libro y arrojarlo por la ventana. No lo harás. En tu alma también está descrito el encuentro con este libro y está inscrito con letras de oro este momento. Tú y yo hicimos el acuerdo de encontrarnos hoy, en esta hora y en este lugar. Acordamos que yo escribiría y que tú lo leerías hasta el final.

He puesto estas palabras justo aquí porque es necesario que entiendas que nada en tu vida es un error. Es necesario que despiertes a esta verdad para que te levantes del sillón y vayas a reclamar tu herencia. El cetro y la corona no son exclusivos de los monarcas y los papas. Todos fuimos dotados de ellos para gobernar sobre nuestro mundo. El cetro es tu fuerza interior y la corona, tu discernimiento. No necesitas más para comenzar tu travesía por la vía del autoconocimiento. Cuando te descubras no verás más carencia. Estás lleno hasta la corona de recursos para crear y hacer de tu experiencia lo que sea que tu aventurera alma se haya trasado. No te perderás.

Estás listo para escuchar estas palabras. Tu mundo de carencia fue creado por ti y, por ello, no puedes acceder a otra cosa hasta que no lo deshagas. «¿Deshacer mi mundo de carencia? y ¿cómo hago eso?» Bien, son preguntas importantes y con respuesta simple. Aunque lo parezca, nuestro recorrido multidimensional no ha ocurrido por azar, ni ha sido involuntario. Todo lo que hemos vivido desde el inicio de las eras ha sido creado y vivido por ti y por mí. Nos hemos vestido con distintos avatares para hacer más rica y diversa nuestra experiencia. Un día rey y otro mendigo. Un día dictador y otro prisionero. Un día fuiste un gran empresario y otro no tienes trabajo, ni bienes, ni nada. Sí, estoy hablando de la vida expresándose en la luz y en la oscuridad. En el amor y en el desamor. En la gloria y en el infierno. Esta dualidad ha sido necesaria para completar tu entendimiento.

Nuestra bendita tierra es el escenario perfecto para vivir esa experiencia. Es lo que llamamos causa y efecto. Positivo y negativo. Podría seguir describiéndolo, pero no quiero confundirte. Baste decir que no viniste aquí por casualidad sino por causalidad. La causa fue el amor y el efecto fuiste Tú

Cuando decidiste venir a este tiempo y lugar, tu alma sabía que nos encontraríamos para terminar de descifrar el acertijo de esto que llamamos vida. Sabíamos que no sería fácil, sabíamos que sería una experiencia de alta complejidad y grandes riesgos. Pero tú, alma valiente, diste un paso al frente sabiendo que recorrerías el camino que te llevaría a recuperar tu maestría.

Ser un maestro implica haber pasado por todas las lecciones que tendrás que practicar para luego enseñar a otros. Es lo que estamos haciendo aquí. Por ello, aunque te empeñes en enredarte en la culpabilidad para evadirte de la responsabilidad, estás listo para dar el salto y ponerte al frente. Di lo más alto que puedas: «¡hey! ¡Estoy a cargo!, ¡estoy listo!» Con eso habrás avanzado la mitad de la jornada. La otra mitad puedes recorrerla desde la paz y la alegría. No es necesario seguir por la senda del dolor. Podemos seguir aprendiendo desde el disfrute. Por ello he hablado en todo este recorrido de consciencia y para ello están los pilares de la consciencia. Estos principios de vida te ayudarán a elevarte por encima de la culpa y el miedo para establecer tu reino en la consciencia de tu más alta verdad. Tu hermoso y magnífico Ser.

Un día te encontrarás trabajando sobre tu fuerza interna, esto se hará desde los escenarios propicios para que la reconozcas. Tal vez para ello tendrás que ver primero lo que es sentirse incapaz de resurgir desde la cenizas, como me ocurrió a mí. Otro día tendrás que trabajar la certeza, esto será necesario porque nada puedes lograr sin fe. Ningún emprendimiento tiene garantías, no funciona así. Tendrás que avanzar a tientas, dando un paso y luego otro.

Para avanzar en tus proyectos laborales requieres confianza, primero en ti y luego en otros. Sin ella solo te paralizas. La confianza se puede fortalecer mirando tu recorrido con amor. Observa hasta donde has llegado. Recuerda cuantas veces has salido adelante en medio de desafíos que parecían no tener solución. Date el reconocimiento por ello, esto te ayudará a entender que estás armado con todo lo que se requiere para la aventura de la vida.

Para sostener tu proyecto laboral o tu espectacular empresa, contarás con estos principios que son gemas, son cristales de múltiples facetas como los diamantes. Fidelidad es de mis favoritos, esto es porque mis más grandes desafíos de vida surgieron por haber renunciado a mí misma. Al intentar acomodarme a este mundo quebré varias veces el camino que me conduciría a la expresión de mi alegría y me fui infiel para ser aceptada en entornos que no eran adecuados. No respeté mis deseos para respetar los de otros y con ello me perdí. Como dije no hay desperdicio. Todo el recorrido me dio la experiencia que me coloca frente a este libro, aunque para ello sí que tuve que vivir en la carencia por mucho tiempo. Debo decirte que nunca me ha faltado dinero, he vivido una vida de "privilegios" financieros como resultado de mi trabajo y dedicación. Me reconozco por ello. Sin embargo, y aquí hay una gran lección para ambos, tengo que decirte que no fui capaz de disfrutar por mucho tiempo de esa holgura financiera. Esto fue así porque para ganar todo ese dinero tuve que vivir inmersa en la incongruencia.

El sistema corporativo al que estuve expuesta por años, drenó por completo mi energía vital. Cuanto más me esforzaba, menos satisfacción y reconocimiento obtenía. La zanahoria que persigues en estos entornos es perfecta para reforzar nuestras disfunciones en lo que se refiere a la autoestima, el respeto y la fidelidad a uno mismo. Por ello funcionan tan bien y siempre habrá alguien que requiera aprender en estos entornos. Yo no. Terminé con eso. Pasé de año.

Mi invitación con respecto a los pilares de la consciencia es hacerte saber que están para ti. Intégralos como quien prepara su desayuno cada mañana. ¿De qué te quieres alimentar? Si observas que tu experiencia te trae impaciencia, alégrate de verlo y desarrolla tus músculos de la paciencia de manera voluntaria y consciente. Si a menudo pierdes la paciencia con tu equipo de trabajo o en tus procesos comerciales, ahí tienes. Prepárate una ensalada con frutos de amor y comprensión. Agrega observación, entendimiento y adereza con buena escucha. Prepárate un jugo de respiraciones profundas que te ayudarán a nutrir tu cuerpo con la química mágica de la alegría. Delicioso.

Practicar el amor, pasa por la aceptación. No podemos amar sin practicarlo en nuestra cotidianidad. Los pilares de la consciencia son aspectos del amor. Es la mejor forma de hacer el amor. Piénsalo así, hemos restringido el acto de hacer el amor al encuentro sexual o genital. Me parece sorprendente que sea así cuando sabemos que en muchas ocasiones, sino es que en la mayoría, lo único que no hay es amor. De otra forma no viviríamos nuestras relaciones íntimas con tanto dolor. Entonces ampliemos el verbo amar. Todo es por y para el amor. Si no, no lo hagas. Pregúntate antes de decir algo, antes de hacer algo, ¿estoy haciendo el amor en esta situación? ¿Estoy extendiendo amor? Si no es así, para y redefine.

Imagina esto. Es día de lavar la ropa, no puedes eludirlo más, entonces dices: «Detesto esto, ¿quién inventó el lavado de ropa?» Una vez más haces preguntas interesantes. Tienes varias opciones: una no hacerlo, otra hacerlo desde el enojo y la frustración, otra es hacerlo y poner consciencia en ello. Observa los pasos que lavar la ropa conlleva en cada etapa del proceso. Imagina que es un acto sagrado para tu familia o tú mismo si no lavas para nadie más. Siente el olor de tu ropa limpia. Recuerda cómo es ponerte una camiseta recién lavada. Es agradable ¿cierto? Así, cada cosa que haces desde la consciencia es un acto de amor y por lo tanto sagrado. Se convierte en un motivo de alegría, ¡dejas de vivir una vida insulsa con el solo acto de lavar la ropa! Es un servicio de amor y en muchos casos es un privilegio que otros ni siquiera pueden experimentar en nuestro mundo. ¿Lo has pensado? Por eso los pilares de la consciencia son herramientas de amor. Al observar el proceso desde la contemplación, es decir, la observación consciente de lo que haces, puedes darte una experiencia amorosa en vez de batallar con lo cotidiano.

TRECE ENUNCIADOS BUSINESSASYOULOVE

Finalmente y para moldear tu nueva identidad creativa, terminaremos esta sección con trece cuestionamientos fundamentales. A manera de resumen, estas preguntas te llevarán a formular los enunciados esenciales que tu mente requiere para mantenerse conectada a tu corazón, y expresar así los deseos de tu alma en la tierra.

Formular preguntas es una de las mejores formas de agitar la varita mágica que dará forma a tu proyecto. Al preguntar al universo el cómo, cuándo, dónde y quién, tu mente comenzará a buscar las respuestas y a modo de radar comenzará a traerte las opciones correctas. Estas soluciones vendrán a ti en forma de eso que conoces como coincidencias, pero lo que en realidad está operando aquí son las leyes del universo. Ellas harán un despliegue tan perfecto que te parecerá que estás haciendo magia. En cierta forma, esto es verdad si lo piensas bien. Lo que conocemos como milagros ocurre en realidad por resonancia. Es otra forma de expresar lo que pasa cuando una persona vibra con cierta información. Profundizaré lo suficiente en este tema en el último capítulo de este libro.

Por ahora solo relájate, respira profundo y contesta lo siguiente:

Trece preguntas fundamentales

1. ¿Qué me motiva con verdadera pasión?
2. ¿Qué disfruto hacer de modo que mis ojos brillan y me hace sonreír todo el tiempo?
3. ¿Qué tengo yo para ofrecer y le dará trascendencia a mi vida cuando me haya ido?

4. ¿Quién puede beneficiarse con mis dones y talentos únicos?
5. ¿Quién tiene experiencia en los temas que quiero desarrollar en mi proyecto?
6. ¿Qué más requiero aprender al respecto?
7. ¿Cómo puedo potenciar mi desarrollo profesional?
8. ¿Qué necesidades de mi entorno puedo atender con mis ideas, habilidades, conocimientos, talentos, dones?
9. ¿Cuándo quiero comenzar?
10. ¿Dónde están los recursos que requiere mi emprendimiento o proyecto?
11. ¿Qué valores quiero integrar a mi emprendimiento o idea para fortalecerlo?
12. ¿Cómo me quiero sentir al realizar mi proyecto?
13. ¿Dónde quiero implementar mi idea?

Mi recomendación al contestar estas preguntas es buscar un lugar tranquilo y privado. Tómate el tiempo necesario y crea una atmósfera agradable. Imagina esto como una cita. Ponte bonita o guapo y mientras te preparas, prende una vela o un aroma que le informe a tu mente que ese espacio es importante. Puedes poner música o hacerlo en silencio. Respira profundo varias veces y haz tus preguntas en voz alta. Hazlo como si fueras a pedir a la persona amada que se case contigo, — solo si te funciona y no te aterra, claro está—. De hecho, esto es así porque estarás haciendo un compromiso de por vida con la persona amada y esa persona eres Tú. Trátate como tu más alta prioridad.

Escribe las respuestas sin pensarlas o intelectualizar. Si te viene un pensamiento como: «¡Ay no!, esto es imposible». Detente y dile a tu mente en tono firme pero respetuoso, que entiendes que tenga dudas, pero que aun así avanzarás. Verás que se torna cooperadora con el ejercicio.

TRECE ENUNCIADOS FUNDAMENTALES

Una vez te hayas explayado con las respuestas agradécete por ello y descansa. Deja reposar tus anotaciones por unas horas o algunos días y vuelve a ellas recreando el mismo escenario de los párrafos anteriores, es decir, haz una segunda cita. Vuelve a leer todo lo escrito. Revisa si deseas agregar alguna idea o quizás desees omitir algo. Solo te sugiero no lo taches, solo resérvalo para más adelante. Todo es perfecto.

El siguiente paso será resumir cada respuesta en una oración breve, quítale todas las palabras innecesarias para quedarte con lo esencial. Hacer un enunciado breve de cada respuesta te ayudará a simplificarlo para tu mente, que está acostumbrada a complicarlo todo. Date la oportunidad de simplificar aunque solo queden unas cuantas palabras. A continuación lee todo en voz alta para ti observando cómo te sientes al hacerlo.

Si te es posible, formula una frase que incluya las palabras que reservaste. Puedes hacerlo en forma de prosa o quizás versos. Si es en forma de una canción será aún mejor, estarás entonando una melodía con las notas de tu alma. Seguro será bello y perfecto.

Es importante que vayas a esta frase o frases resumidas todas las veces que puedas, conviértelas en tu credo personal. Te ayudarán para avanzar de la mano de la bella *Path* hasta convertirlas en tu nueva realidad.

Seguramente tendrás que volver a esta frase y revisarla cada vez que te muevas hacia tu horizonte, esto es normal y ciertamente necesario porque el TÚ que escribió estas palabras ha evolucionado. Todos estamos mutando. Nada está "escrito en piedra" cuando se trata de llegar a convertirte en tu mejor potencial. Te deseo un hermoso viaje. Aquí estaré para ti si deseas compartir conmigo tu experiencia. Estamos en el mismo viaje hacia la evolución de la consciencia.

Ahora te compartiré mi enunciado fundamental a modo de ejemplo e inspiración para animarte a comenzar.

"Soy quien fue creada para crear lo bello. Estoy llena de talentos y dones, más de los que puedo contar. Mi vocación está en el compartir la sabiduría de mi alma curiosa para así acariciar el alma de mis compañeros de camino. Me aseguraré de mantener mi luz encendida hasta regresar a mi hogar"

PARTE VI

FUNDAMENTOS DE COLABORACIÓN ARMÓNICA

Creación consciente e intercambio de dones y talentos

No puedes parar de crear. Lo haces todo el tiempo. Desde que fuiste creado comenzaste a crear, está en tu génesis. Entonces, ¿Por qué es tan difícil entender que tienes que hacerte cargo de tu mente para que puedas diseñar tu realidad de manera consciente? Si estás creando constantemente, ¿por qué no hacerlo conscientemente?

En el ejercicio que hicimos para crear tu *Baúl,Phi&Path* pasamos por tu historia y tu recorrido. Observamos tus experiencias vitales, tus rasgos naturales para crear eso que solo tú sabes hacer. No importa la edad que tengas, podrías escribir cientos de libros con los que llenarías bibliotecas enteras con tus pensamientos, imaginerías y toda clase de expresiones de tu mente creadora. Por supuesto también puedes usar varios *gigabytes* de memoria para guardar las imágenes de alta definición de tus creaciones mentales con las que has diseñado tu realidad con todo detalle. Así de poderoso eres.

No podemos evitar ser creadores pero si podemos elegir conscientemente y partiendo de ahí experimentar nuestro poder con responsabilidad. El estado en el que se encuentra tu mundo y El Mundo con mayúsculas es creación por coparticipación o cocreación. Ninguno de estos conceptos se encuentran fuera de este mundo, ni son conceptos para un grupo social o intelectual exclusivo. No son para los avanzados ni para las mentes superdotadas. Eso es excluir. Lo cierto es que cocrear es lo que hemos estado haciendo, no es algo que nos sea ajeno. Este es un tema vital para cualquier aspecto de la vida, pero en el trabajo y en la creación de valor colaborativo, lo define todo.

Crear en colaboración es la mejor definición de El Paraíso. En nuestra mitología lo que consideramos el paraíso es en realidad un entramado de consciencia creadora por intercambio de dones. ¿Sabes lo que es eso? No lo sabes, nunca lo has vivido. Lo crearemos juntos comenzando con este libro. El intercambio de dones es la asociación productiva más antigua y a la vez más avanzada del universo. En ella no hay transacción, solo extensión.

Supongamos que tú eres un cantante, tienes una gran voz y con ella nos deleitas al interpretar melodías sublimes. Eso es lo que eres, no lo que tienes, eres un cantante sublime. Entonces te propones extenderte por medio de tu talento. Nos deleitas por las mañanas con tu gran voz. Lo haces de tal forma que todos experimentamos un estado de éxtasis inspirándonos en nuestras actividades matinales. Todos te agradecemos. Ahora imaginemos que yo soy floricultora. Las flores son mi obra, son mi don y junto con mamá *Gaia* cuido de las más exquisitas flores que alegran los jardines de nuestra comunidad y nuestras casas. Me dedico a apreciarlas, proveerles lo necesario para su florecimiento en todos los lugares donde sean requeridas. Con ello embellecemos el mundo tú y yo. Por igual. ¿Quién es más importante? ¿Te imaginas la vida sin flores o sin canciones? Quién de nosotros crees que lo pase mal o se lleve las manos a la cabeza en desesperación por vender más flores para comprar canciones, o que intente esconderlas en un intento por simular que estamos en temporada de escasez de melodías y con ello subirles el precio. Absurdo ¿cierto?

Lo que acabamos de crear tú y yo es el modelo más avanzado de economía universal. Es infalible y no requiere nada más que voluntad. En algún punto olvidamos que todos traemos equipo completo. Dones, talentos, habilidades, creatividad, etc. Esto no es idealismo, mucho menos comunismo. Lo sería si contempláramos la carencia en esta ecuación. De ahí partieron todos los modelos económicos surgiendo de la ilusión de escasez. Por ello, aparentemente, nunca hay suficiente. Pero nuestro universo es abundante, más allá de toda medida. En el país donde yo me encuentro hemos pasado por siglos de saqueo, explotación y manipulación, sin embargo, esta bendita tierra no hace otra cosa que dar vida y más vida. Vivimos en un verdadero paraíso donde todo es vida, pero no la queremos. La despreciamos, nos quejamos de la lluvia y del sol; del frio y del calor. Demasiada nieve y demasiada vegetación. Decimos: «¿Otra vez maná del cielo? ¡Ash Dios!»

Hoy, más que en ningún otro momento de la historia, es posible vivir de nuestros dones. Hacernos de una buena vida mediante eso que solo tú puedes y sabes hacer, no es para unos cuantos. Al programarnos con historias de famosas "estrellas" del deporte, "genios" de la tecnología y otros iconos de la moda y el espectáculo, nos han dicho que eso que ves en la pantalla o en las redes sociales, es para unos cuantos, pero no para ti. Te dicen que el fútbol no es para ti porque solo unos cuantos llegan, y para ello hay que tener *palancas* como decimos en mi país. Tienes que conocer gente importante en el medio. Como tú miras tu círculo y no ves a nadie, ni siquiera lo intentas. Tus padres por otro lado te dirán: «hijo, busca una carrera de verdad, eso es para "gente bonita", no para nosotros.»

También hemos escuchado historias de como muchos se han perdido en las adicciones y otros vicios. Aquellos que tocaron la fama y la fortuna por atreverse a vivir de sus talentos han perecido. Es verdad que por la forma en la que se nos describe "el éxito y la fortuna" en nuestro mundo o bien nos atrapa con imágenes poco reales o nos da miedo y le rehuimos. Es verdad que hay manipulación y voracidad en muchos ámbitos de la actividad económica, el deporte, el arte y otras expresiones del ser humano. Pero también es verdad que tú no tienes por qué seguir creyendo en patrones desgastados y caducos de éxito. Tú estás destinado a brillar con tu luz y en tus propios términos. Solo tienes que animarte, probar, intentar y fracasar unas cuantas veces para que la humildad cale hondo en ti y así quedes inmunizado ante las trampas del mundo y sus encantos egotistas.

La creación de valor por colaboración armónica no es un sueño, no corresponde a una falacia. Es nuestra única salida para acabar con el hambre, la guerra, la enfermedad y todas las expresiones del mundo del ego. Ese mundo siempre te dice que no se puede colaborar porque hay que sobrevivir, y para ello solo hay dos opciones: matar o morir. Eso es muy limitado y completamente caduco. El mundo de solo blanco o solo negro sucumbirá cuando entendamos que para empezar hay toda una gama de grises, después todos los colores del arcoíris, que surgen de la refracción de la luz que parte de la oscuridad. Y, para finalizar o, más bien, comenzar a describir el infinito, tenemos todas las combinaciones que de ellos surgen. Y si hacen falta más colores, los podemos crear. Nada está prohibido. Es decir, nadie tiene que morir para que el otro pueda existir. Todos cabemos en la misma paleta de colores.

No estarás en tendencia si sigues compitiendo. La colaboración armónica es lo de hoy. Definamos qué es. Ya establecimos que este mundo requiere soluciones para todos los ámbitos de la existencia humana. Si miras a tu alrededor nada funciona ya.

El sistema médico no soporta más las enfermedades pandémicas emergentes como la depresión y la ansiedad. El sistema jurídico no sabe qué hacer con tanta injusticia y corrupción que ha emanado del propio sistema. El esquema religioso, que se supone es responsable de salvaguardar la "moralidad y la fe", ha sucumbido por su propia mano. El sistema económico, que deriva de los habitantes de cada país, se ha quebrantado ante la explotación y el desprecio al talento. ¿Qué nos queda? Piensa por un momento conmigo... ¿qué camino nos queda? Si me dices que tú ves otra cosa me quedo tranquila. Este libro no es para ti. Si me dices que ya tuviste suficiente de comer mierda, pero no sabes cómo parar porque es lo único que sabes hacer, te creeré, yo también he comido mierda hasta el hartazgo. ¡Ya no más! ¡Ya no más!

El conflicto constante y la reactividad conductual propias de nuestro tiempo nos urgen a parar. Paremos ya. Es tiempo de mirarnos a los ojos unos a otros. Pedir perdón y perdonar. Dile a tu compañero de trabajo: «¡basta! Me cansé de pelear contigo ¡Quiero parar!» Mira a tu esposa y con amor exprésale tu sentir y tu frustración. Muéstrale tu corazón roto. Di con suavidad: «No tenemos por qué seguir así. Basta de juegos de poder y manipulación.» Niégate a quedarte en entornos donde no estás siendo amado, ni valorado, ni respetado. Niégate a darle ese ejemplo a tus hijos. Eso no es una familia. Las personas que se aman no se lastiman. No se hacen daño.

Reconfigurar nuestra sociedad requiere de un largo camino. Es verdad. Estamos comenzando. Ya dimos los primeros pasos. Sal de tu prisión y lleva a tu hermano contigo. ¿O prefieres mantener a tu hermano siendo tu presa? Permíteme recordarte que tú eres quien cuida la reja, quien puso el candado y quien vela día y noche para que no se te escape. Ahora observa, ¿quién está del otro lado de la reja? Tú. Eres tú. La presa eres tú. Tienes que perdonar. Tienes que perdonarte. Volvamos a empezar.

Hemos llegado al punto que hemos esperado durante largo tiempo. Siglos de recorrido nos han traído a ti y a mí a este punto del trayecto de la historia sin fin. Son tiempos decisivos. La buena noticia es que no estamos aquí para sucumbir en el intento de crearnos la vida que merecemos. Las condiciones del clima son perfectas para volar. Si quieres construir la nueva tierra, comienza a cavar y sacar la hierba. Esa hierba que cubre tu mente con pensamientos destructivos y violentos. Limpia tu mente. Hazte cargo de lo que piensas. Hazte cargo de lo que sientes. Obsérvalo y dale amor y compasión. Después mira si lo quieres conservar. Mira si te sirve para lo que quieres crear y, si es así, guárdalo en el cofre interno de tu corazón. Si no, déjalo partir. Dale un beso de despedida y ¡Chao! Así de fácil, así de sencillo. No requieres más que eso para avanzar.

Para crear en colaboración armónica, hay que estar dispuesto a conocerte y conocer a ese que llamas otro, —aunque ya establecimos que no hay otro, solo Tú—. Sin embargo y para efectos de entender qué es *la cooperación colaborativa activa*, pensemos en el otro como tu colega, tu hermano, tu socio, tu esposa, o tu compañero de equipo en el básquetbol. Lo que ames es tuyo. Eres libre de expresarte en lo que tú quieras.

Pensemos en tus empleados ¿Amas a tus empleados? Puedo ver tu rostro sorprendido sintiéndote ofendido con mi pregunta. Me miras y te digo una vez más: «¿Amas a tus empleados?» La verdad es que no. No los amas. Para amar hay que respetar, en primer lugar. Bien, aceptando que no sabes amar a tus empleados podemos avanzar a encontrar alternativas. Aceptando el recorrido doloroso de eso que llamamos "trabajo", podremos ver con claridad la aberración de ese sistema y aceptar que no lo queremos más. Es verdad también que no tenemos el recuerdo cercano de otra alternativa, y esa es la razón fundamental de este libro. Una vez más te pido que abras tu mente y hagas espacio para nuevas y mejores ideas.

Diseñar un sistema infalible para establecer las bases de la colaboración armónica es el tema del cual nos ocuparemos en adelante. Somos seres de colaboración. Esto es porque somos células de un mismo ser viviente. *Gaia*, Mamá Tierra o como le llames al hermoso planeta donde estás parado, es tu casa. Formas parte de ella y eres una expresión de la Vida con mayúsculas que experimenta miles de formas. Millones de especies convivimos aquí. Hay espacio para todos. Una vez más: *"Nadie tiene que perecer para que tu vivas".* Entender la profundidad de esta frase nos adelantará en consciencia dando un salto cuántico hacia la convivencia armónica.

PRINCIPIOS DE COLABORACIÓN ARMÓNICA

Cocreación

Te has acostumbrado a vivir en un cuadrado de dos por dos, pero la realidad es que eres todo menos un cuadrado. Eres más un triángulo aunque ciertamente eres más una esfera. Aunque ser un puntito del universo te describe de mejor forma. Ese puntito es el Todo. Esto es porque partiste de La Fuente como un pequeño haz de luz en expansión. Así te pensó tu Creador. Una dulce y diminuta partícula de Consciencia. Por ello todo está contenido en ti. Por ello estás nadando en el universo y sus aspectos o leyes te influyen. También influyes en el universo porque al igual que tu Creador, eres creador. Te estoy describiendo el origen de la creación en unos cuantos renglones. No te compliques más. No eres un misterio.

Al interactuar con otros puntitos en esta realidad creadora expandes al Ser y después de eso lo expandes aún más. Esto ocurre por vibración, como cuando ciernes harina. Las partículas de igual cualidad responden al golpeteo de tus manos. Ahora entiendes las leyes de la vibración. Así nos agrupamos los seres humanos, por resonancia. Si te encuentras en un ambiente conflictivo, no puedes decir algo como: «Uy, gente toxica.» No. Si estás ahí es por resonancia. Si quieres algo diferente, comienza a resonar distinto. Esto lo puedes hacer cambiando tus pensamientos para que reflejen lo que quieres experimentar. Para que eso ocurra, puede ser necesario que pruebes a hacer algunos cambios.

La música que escuchas influye en ti. Las películas, las series, las noticias, las redes sociales y tu alimentación provocan cambios en tu vibración. Todo influye en ti, tanto como tú influyes en el todo. Por ello puedes experimentar cambios en tu estado de ánimo al ver una película triste. También puedes experimentar alegría cuando escuchas música de alta vibración, de la misma forma en que la música que habla de cuan desgraciada fue tu pareja, te hará creer que en verdad eres una víctima. No. Nunca más querrás ser una víctima. Ya salimos de ahí.

Los socios que tienes los elegiste tú, tus compañeros de trabajo también. Tu familia política, aquella con la que aparentas no tener nada en común, también fue elegida para los aprendizajes que te propusiste tener. Si algo te molesta es tuyo. Si alguien te irrita es tuyo también. Es mejor verlo y atenderlo. Cada persona con la que interactúas trae un regalo para ti. Acéptalo con gusto. Esas experiencias son como ramos de flores. Observa su color y olor, observa todo lo que te ofrece cada parte de ese ramo. Sin juicio podrás entender el mensaje escrito en la tarjeta. Recíbelo y disfrútalo.

El amor siempre nos está invitando a conocerlo. La práctica del amor tendría que ser tarea de prioridad uno. Imagínate al despertar. Primer pensamiento: «Amo despertar. ¡Gracias! Te levantas y abres la ducha: «Amo mi cuerpo y el agua que me permite soltar todo para volver a comenzar». Bebes tu café y cuando sientes el olor que despide la taza, agradeces y lo disfrutas. Sales a la calle y tomas el transporte público para ir a tu trabajo. Antes de subir bendices a los pasajeros y el recorrido entero. Llegas a tu oficina y antes de entrar bendices todas las actividades del día sin importar cuales sean. Miras a tus clientes y te dispones a amarlos. Hacerlo implica dar lo mejor de ti, y eso no puede ser otra cosa que tu amor en cada cosa que haces. Si tu actividad es rutinaria, anímate a armar una melodía con ella y en tu mente disfrutarás el compás de esa rutina que en tu cabeza tendrá un ritmo y una cadencia. Si por el momento no te es posible acceder a un trabajo mejor, haz la prueba con esto que te estoy explicando y verás un milagro suceder antes de que caiga la tarde.

La vida siempre espera tu señal de: «¡Hey vida. Estoy listo para algo mejor!» No puedes acceder a ello si con lo que tienes hoy maldices a tu esposa al ponerte el desayuno en la mesa; si para llegar a tu trabajo agrediste a los otros conductores lanzando pensamientos de: «¡Animal! ¡Bruto!» ¿Cómo esperas que sea tu experiencia? Si al llegar al trabajo dices: «Que mierda de trabajo» o, «mi jefe es un imbécil, ¡que sueldo miserable!» Qué crees que te devolverá tu experiencia. El soberano de tu mundo, eres tú. Así de simple. Toma tu corona y tu cetro o tu varita y comienza a agitarla hasta que todo cambie.

Ahora, por favor, tras quinientos años de lanzar garabatos #¡%&?% al universo puede que no te responda con rosas. Aquí es donde el perdón levanta la mano y dice: «¡Hey, aquí estoy. Apóyate en mí!» El perdón es por definición la herramienta más poderosa del Amor. Aunque el universo es todo amor, siempre tendrás que recibir lo que enviaste a menos que decidas otra cosa. Para ello te sugiero abrir el corazón y declarar con sinceridad: *"He estado equivocado con respecto a quien Yo Soy, de otra forma no estaría en esta situación. Yo tomé esta decisión y por lo tanto puedo tomar otra. Elijo tomar la decisión de amarme y nunca más sentirme culpable. Deseo estar en paz. Elijo tomar al Amor como maestro para corregir todas las consecuencias de mis decisiones equivocadas para así avanzar hacia la expresión de mi más alto potencial".*

Esta es mi versión personal tomada de las palabras del Maestro Jesús para tomar una nueva decisión en favor del Amor. Con esta sencilla pero poderosa declaración le estarás enviando al universo tu decisión firme de aprender por medio del Amor. Así que, por qué no comienzas ahora. Cambia la dirección de tu barco y pronto te verás en Hawái tomando agüita de coco.

La colaboración positiva siempre es creativa. Colaborar significa aceptar la dependencia que tenemos de otros para hacernos de una buena vida. Cuando hablo de dependencia no me refiero a poner en tus hombros las responsabilidades de otros, tampoco aquello que decimos a nuestras parejas sobre depender de ellos para ser felices. Eso es chantaje puro. En el trabajo sabemos que requerimos de la colaboración de otros para que las cosas avancen. Para que un proyecto sea exitoso dependemos de que todas las partes hagan lo que corresponde. Incluso si tu trabajo implica crear en solitario, como un pintor o un escritor, siempre dependerás de un promotor de arte o de alguien más que admire tu obra. Si tu obra se queda debajo de la cama no es obra. Lo que no se comparte se llena de moho. Incluso en este caso requerirás de la colaboración de los hongos y tal vez de algunas arañas que gustosas irán a vivir ahí. Todo está conectado.

Entonces, para que tengas la vida que quieres experimentar, requieres de hacer conexión. Siempre estás creando lazos. Estos pueden ser de colaboración y aprendizaje continuo; también pueden ser de conflicto eterno donde una y otra vez cambias de ser víctima a victimario, no hay más opciones. La pregunta fundamental no es cuál de los dos lados te gusta más, sino hasta cuándo pararás de ese aburrido juego. Está en ti decidir cuánto dolor te es suficiente.

Del otro lado está el enriquecimiento. Una vez más no estoy hablando de acumulación y avaricia. Desde ahí nadie es rico, todos son pobres y carentes.

Imaginemos que llegamos a la cima de la montaña corporativa ¡Ya está! Eres el CEO de la montaña sagrada. Te levantas y miras por la ventana, son las doce de la noche, toda la ciudad se deja ver desde la ventana del super lujoso *pent house* de tus oficinas, de las cuales eres el huésped de honor. Los negocios van bien. De pronto miras un poco más cerca, no hacia la ciudad, sino al reflejo del rostro que te devuelve tu impecable ventana. Observas con cuidado y sientes orgullo ¿o es incomodidad? No puedes definirlo porque has dejado de tener contacto con tus sentimientos mucho tiempo atrás.

Según lo que te enseñaron, los sentimientos estorban a la hora de tomar decisiones difíciles en los negocios. No estás acostumbrado a sentir, por ello siempre tomas un trago o dos antes de ir a dormir. Te dices a ti mismo que es hora de un trago para celebrar los logros de tu radiante empresa. Volteas, pero no hay nadie con quien chocar las copas. Miras la hora y te percatas que es muy tarde para llamar a tu hijo que se fue hace años a vivir con su madre a otro país. Eso no te incomoda tanto ya que él va a la mejor universidad. Se supone que es lo que hace un buen padre, pagar caras cuotas en las mejores universidades. Te preguntas si el chico es feliz, pero en cuanto quiere asomar una respuesta, la atraviesas como a una molestosa mosca. No te gustará la respuesta, lo sabes. Comienzas a preguntarte si es que hay alguien que realmente valore tu sacrificio. El divorcio fue duro. Al final todo quedó en repartir bienes y horas compartidas con el pequeño niño que dejaste atrás.

Miras de nuevo tu rostro y ves claramente los signos de las batallas ganadas. Eso te hace sentir mejor. No, de hecho te hace sentir peor. Te lleva a recuerdos sobre decisiones tomadas con el filo de una espada que quisieras nunca volver a empuñar, pero sabes que lo hiciste muchas veces. Se supone que era necesario.

No llegas a estos sitios siendo un blandengue. No. Un buen pirata sabe lo que tiene que hacer. Esta conversación en tu mente te llena de dolor pero tú sabes que un generoso sorbo del mejor whiskey siempre calma la consciencia. La consciencia es esa molesta sensación de frio que surge cuando recuerdas cuanto te gustaba jugar al beisbol con tus amigos al salir de la escuela. Es esa loca ruidosa que no te deja dormir cuando recuerdas a la hermosa mujer que dejaste atrás por la exitosa carrera que ella, por supuesto, nunca comprendió. ¡Vaya con esa mujer! Es esa sensación de vacío que calmas yendo a apostar a las carreras de caballos y saliendo con "amigos" que siempre se muestran comprensivos sobre el alto precio que has tenido que pagar. Después de todo alguien tenía que pagarlo.

Estoy segura de que puedo ser malinterpretada por la triste fotografía del éxito que te muestro en las líneas de arriba, por ello te pido me permitas explicar. Nada de malo hay en la riqueza, nada de malo hay en subir la escalera corporativa y clavar una estaca en la oficina más alta. Eso debe ser celebrado. Mi planteamiento no es moral. Es una manera de reflexionar sobre el precio de estos logros. Si el motivo de tus logros salió de tus miedos a no ser validado por el mundo, estarás en problemas. Si recorriste este camino de forma inconsciente y casi todos lo hacemos hasta que no podemos casi respirar, pasaremos arreglando nuestras maltrechas vidas las últimas décadas, si tenemos tiempo.

La vida es abundante. Ya establecimos que solo hay que mirar la bastedad de nuestra Madre Tierra para entender lo que es abundancia en extremo. No nos hemos acabado este maravilloso planeta pese al descuido en el que se ha encontrado a través de las eras. Ni se acabará. Si la caída de un meteorito solo le dio la oportunidad de reconstruirse hasta quedar más hermosa y diversa, créeme, la tierra sabrá como arreglar este desastre.

Nuestra madre es sabia y amorosa, siempre nos está brindando la oportunidad de corregir el camino.

Lo que quiero establecer contigo es que no tenemos que esperar a que caiga un meteorito en nuestras vidas, aunque puede ser necesario hasta que entiendas que no lo requieres. Tu vida solo te pide que te alinees con La Vida. Esto puede ser tan simple como perdonar todo eso que llamas tus errores, incluidos todos los actores y actrices que convocaste para darte estas experiencias. Solo eso bastará para que tu universo cambie en un tris. ¿No me crees? Prueba. Con un poco de fe del tamaño de un grano de mostaza bastará. Esto no parte de repetir una frase famosa. Parte de mi experiencia al recordar que nada pudo ser distinto, y que el recorrido de mi vida fue necesario para entender las lecciones que se propuso mi alma.

Una mañana desperté para mirar lo que el amor y la compasión pueden hacer en un corazón que se mantuvo endurecido para no sentir más dolor. Pero el amor es más terco que tú y que yo. Se fue colando por cada pequeña grieta hasta traerme de vuelta a la vida. Desde ahí es que te comparto estas ideas tan sencillas como profundas. Anda. Déjate amar. Permite que la vida te cobije. Hazte a un lado y verás tu vida resplandecer tanto como la mía.

Para establecernos en el universo como verdaderos creadores en colaboración por coparticipación o cocreación, es importante establecer los fundamentos para ello. Ya revisamos los pilares de la consciencia y sé que integrarlos a nuestra vida nos ayudará a establecer relaciones sanas y productivas, sin embargo, esto es trabajo individual. En capítulos anteriores revisamos cómo se establece el campo de la consciencia. Describimos cómo se van entrelazando nuestros caminos para establecer eso que conocemos como consciencia colectiva, aunque en nuestro mundo se llama acertadamente inconsciente colectivo. Es verdad que partió de la inconsciencia, de otra forma no habríamos llegado a donde llegamos. Desde entonces no hemos parado de hacernos daño.

También establecimos que no queremos seguir viviendo de ese modo, y que para que eso cambie tenemos que cambiar nosotros, y comenzar así un nuevo entramado de consciencia de unidad más amorosa, abundante y alineada con la vida.

Para ello no requerimos más que cuatro cosas, primero reconocer que el amor es la única salida al miedo. Segundo que todos formamos parte de ese amor en unidad. Tercero que para lograr nuestros anhelos más altos y así contribuir a un mundo de soluciones, tenemos que cooperar con lo que solo nosotros podemos dar. Por último debemos reconocer el combustible de esa transformación. Ese combustible es inagotable y auto sustentado. Me refiero a la alegría. Incluir la alegría en nuestras vidas, aun en los días de lluvia y fuertes tormentas, nos ayudará a mantenernos en pie. La alegría debe ser incluida como ingrediente base para nuestros proyectos, nuestras empresas y, por supuesto, nuestras familias. De ahí parte todo. De otra forma la negatividad contaminará todos nuestros espacios como lo ha hecho ya.

Aquí te propongo los cuatro fundamentos de la creación colaborativa que nos ayudarán a ir purificando nuestras relaciones y entornos para hacerlos verdaderos espacios de creatividad y bienestar.

Alegría. Cuando fuiste pensado en la consciencia del amor tocaban la música más bella, esa que al compás de las notas más increíbles convocaron las fuerzas creadoras adecuadas para darte forma. Fuiste pensado en alegría. En las desventuras de esto que llamamos experiencia de vida, el ruido fue opacando las suaves notas de la música de tu alma, pero eso no significa que se apagaran. Solo fue una distracción. Ahora esa alegría ha vuelto a convocarte para sacarle un nuevo *"beat"* a tu alma y hacerte el protagonista de tu mundo interior. De esta forma podrás compartirlo con el mundo exterior. Nunca pienses distinto de ti.

Cooperación. Nada en este mundo fue creado para experimentarse en soledad. Con soledad no me refiero a los espacios necesarios para estar contigo mismo. Eso no es soledad ni debe ser doloroso. Si evades estar contigo es porque estás confundido sobre quién eres. Vuelve al párrafo anterior. La cooperación es extensión, no es que te quedes sin aquello que compartes. Por el contrario, al extenderte en el acto de cooperar estás multiplicando de forma exponencial y así, como en las leyes de causa y efecto, recibirás. Si esto puede ser entendido con claridad no necesitas más este libro ni ningún otro. Hemos sanado al mundo.

Unidad. Eso que tú haces, eso que piensas mientras lavas los platos, impacta en el mundo. Si observas por la ventana y ves ocurriendo una guerra, pregúntate ¿quién está peleando? Seguramente encontrarás en tu mente una discusión con tu esposa esta mañana, un malentendido en el trabajo, un forcejeo por el cajón de un estacionamiento el domingo pasado. Dirás: ¿yo en guerra? Si, amigo lector, que no lances bombas no significa que no estés en guerra. Así que si te estás preguntando ¿qué puedo hacer para que eso pare? Toma el teléfono y pídele perdón a tu esposa, invita un café a tu colega y usen eso que está debajo de la nariz, se llama boca y es para hablar y buscar acuerdos. También es para besar. Sobre el cajón de estacionamiento tengo una sola cosa que decir: abre tu corazón. A lo largo de mi camino he dejado de batallar para encontrar estacionamiento y muchas cosas más contra las que antes luchaba. Así sucede cuando dejas que tu consciencia de unidad se eleve por encima de la limitación.

Amor. El amor es todo lo que hay. Sin embargo no parece que sea así. Esto es porque no sabes amar, tienes una versión muy limitada de ello. Es requerido que te despojes de tus raros conceptos de lo que es la experiencia de amar. Amor no es sexo y no es un Ferrari, aunque sí, pueden ser también expresiones de amor si sabes cómo usarlos para tu disfrute y no para joderte la vida. Lo haces cuando te conviertes en el títere de tus propios juguetes. Es extraño que suceda así pero cuando limitas al amor y lo metes en pequeñas cajas, el amor se acomoda ahí, y desde esas pequeñas cajas te mira pacientemente esperando a que cambies de opinión. Una vez que te canses de buscar el amor en los lugares equivocados te toparás con esas pequeñas cajas que dejaste olvidadas. Abrirás una y encontrarás una pequeña nota que dice: *Wellcome back*. Otra dice: ¡proyectos extraordinarios! y otra que dice: "sonríe, niña linda, ya es hora de disfrutar". Así ocurrió para mí. Todas estas cajas fueron apareciendo de forma mágica a modo de regalo de mí, para mí.

LIDERAZGO CONSCIENTE

Sabiendo esto estás listo para conocer la fórmula más sencilla, infalible y más poderosa para el éxito en la gestión de talento. Tu mente escuchará algo que nunca ni en tus mejores sueños ni en tu *MBA* carísimo de Harvard escuchaste.

Para hacer que tus empleados sean quienes deben ser, según los términos de tu empresa, solo requieres tres cosas: *Amor, Reconocimiento y Sustento*.

Puedo ver tu rostro sorprendido y tal vez aún más ofendido. Esto no es porque lo que digo parezca demasiado simple. Es porque no sabes de lo que hablo. El *amor* en el trabajo te es tan ajeno como el amor en la pareja. A su vez, te es tan ajeno como el amor paternal, que se remonta a lo que conocemos como amor universal, es decir, dios con minúsculas. El dios con minúsculas de todas las religiones que conoces es un tirano. El dios que te inventaste para escapar del tirano es el ausente y eso te ha hecho sufrir más que cualquier cosa en tu vida. ¿Qué es peor que un padre tirano? Uno ausente.

Nuestra mitología sobre dios refleja nuestra experiencia de amor en la tierra. No nos quedaron muchas opciones. El amor es tiranía o nada; arréglatelas como puedas. Si quieres tener una experiencia de amor incondicional es imprescindible que sueltes ya esas tonterías. Ríete a carcajadas como quien se da cuenta de que ha caído en una muy mala broma. En la psique colectiva está ya despertando la consciencia de esa mala broma. ¿Dios martirizando a sus hijos? No. ¿Dios Amor crucificando a su único hijo para salvar a los otros muy malos y tontos hijos? Definitivamente NO.

El amor de Dios, como el amor de Jesús son tangibles, no son un misterio. Mírate, observa tus ojos en el espejo. Mejor aún, refléjate en los ojos de tus hijos, de tus mascotas, contémplate en el lago y en el amanecer, descúbrete en las estrellas. ¿Qué ves? Puro amor, solo eso. Las distorsiones que ves en el mundo son espejismos de esa mala broma.

Jesús fue prueba de ello. Ya hablamos de cuan extraña y tergiversada fue la historia que te contaron al respecto. Por eso no puedes comprender sus enseñanzas como son. Te revuelves la cabeza para entender cómo llegar a alcanzar su nivel de perfección. Lo cierto es que siempre te quedarás atrás si te comparas con Él. La invitación que Él te hizo no fue para compararte y luego mirar tus pecados. Su invitación fue simple. Habló de perdón y de dejar de juzgar. Nos habló de talentos y de tratar a otros como quieres ser tratado. Sin duda sus lecciones fueron sobre liderazgo.

Dios es amor. Tú eres amor. Lo que hemos estado haciendo al pasear una y otra vez por La Tierra es experimentar y eso no es un pecado. Es lo que se esperaba que hicieras. Se esperaba que, a través de tu experiencia multidimensional, le dieras a la eternidad tu propia versión de la eternidad. ¿Cómo puedes ser castigado por hacer lo que estaba en tu naturaleza? Eres creador de experiencias. Tu alma curiosa hizo lo que debía hacer. Crear múltiples formas del Ser.

En donde nos encontramos es el punto en que se supone debemos estar. Es el punto de retorno. Es tiempo de recoger el tiradero de la fiesta que hiciste anoche. Embriagado por tu sed de experimentación te perdiste, y ahora que despiertas tienes una gran resaca. No sabes cómo llegaste hasta dónde estás ahora. La inconsciencia hizo su trabajo y tú no recuerdas nada. Está bien. Sé un chico responsable. Limpia, ordena. Saca la basura y cuando termines, solo descansa.

Ahí estamos ahora. Sacando la basura de nuestra mente. Nadie vendrá a recoger nuestro tiradero. Ya somos niños grandes. Tenemos que hacernos cargo.

Hasta ahora hemos ejercido nuestro liderazgo desde esa malentendida paternidad tirana diciendo que para que tus empleados te respeten deben temerte; solo así lograrás que hagan lo que deben hacer y si no, para eso está la herramienta más popular del liderazgo del dios tirano: El castigo.

Si esa es la solución supongo que tus colaboradores ya hacen lo que deben hacer sin excepción. Todos sabemos que no es así y que esto solo ha ido agrandando la distancia entre los "lideres" y los "seguidores". Sin embargo, seguimos insistiendo en poner las mismas "soluciones" para resolver los mismos "problemas". La alternativa ya la describí desde una perspectiva que si bien no la has experimentado aún, se nos presenta como la única alternativa que nos queda por probar.

Te reto a ejercer tu liderazgo desde un nivel distinto y totalmente fresco. Nunca debes tener miedo de amar. Sé que por la forma que has experimentado el amor esto puede ser aterrador, pero lo cierto es que nunca lo has probado. Anímate a amar y mira qué pasa. No digo que tu empresa o tu equipo de trabajo se transformará mágicamente, no funciona así. Lo que se espera que hagas al leer estas palabras es que comiences tú, con tu ejemplo. Toma los pilares de la consciencia y empieza a practicar con ellos las distintas facetas del amor en acción. El respeto puede implicar para ti dejar partir con amor a quien no se muestra interesado en colaborar de forma armónica. Solo asegúrate de haberles mostrado antes lo que es el respeto desde la coherencia, es decir, tus actos tendrán que ser consecuentes con tus palabras. La paciencia será requerida tanto como el aire en este proceso. Todos estamos comenzando a vislumbrar que vivir desde un *mindset Businessasyoulove* es posible, de hecho tenemos que comenzar por creer que es posible, de otra forma no funcionará.

Aquí te expongo los efectos más significativos de insertar estas ideas en tu entorno laboral y en tu vida.

Acepta estas frases como verdades sobre ti y repítelas constantemente para que se instalen en tu sistema de pensamiento. Solo prueba a ver cómo te sientes al recitarlas.

1. Mis metas son claras, sé lo que quiero y para qué lo quiero.
2. Soy responsable de mi propio desarrollo y bienestar.
3. Tengo talentos y decido usarlos para generar valor para mí y para mi entorno.
4. Me preparo y doy lo mejor de mí. Siempre aprendo algo nuevo.
5. Me aseguro de entender cuál es mi tarea, medirla me ayuda a saber en dónde me encuentro.
6. Lo que yo puedo aportar es único y tiene valor.
7. Avanzo en mis objetivos con fuerza y paciencia.
8. Celebro mis aciertos y mis errores. Siempre elijo aprender.
9. Colaboro y aprendo de otros.
10. Comunico a tiempo y con respeto lo que pienso y siento. Permito que los demás lo hagan también.
11. Confío en mí y en los otros.
12. La alegría y el disfrute son recursos inagotables.
13. Siempre agradezco por todo y por todos.

Te propongo ir agregando otras formas de experimentar estas ideas que surjan de tu experiencia de transformación del liderazgo en tu empresa o emprendimiento. Recuerda que siempre debemos hablar en primera persona porque todo parte de ti mismo. No trates de convencer a nadie de estas ideas, solo úsalas para transformarte en un líder consciente desde tu vida y tu propia experiencia. Si alguien está listo para aprender de ti, el verdadero maestro será tu ejemplo viviente.

Respetar tu empresa y tus creaciones requiere que respetes a tus empleados y a tus compañeros. Eso siempre se verá en lo que le entregamos a nuestros clientes. Tus clientes recibirán ese amor y con ello te devolverán amor. Así, el círculo perfecto se completa para volver a empezar a subir a otra octava y luego a otra. En espiral podremos avanzar en la consciencia de unidad.

Hasta ahora te has relacionado con tus colaboradores desde la carencia y la inconsciencia de lo que es crear verdadera abundancia. Si para hacerte de una buena vida caes en prácticas de explotación no estás amando y, ciertamente, no has entendido lo que es crear. Dar no significa perder. Dar por extensión —al estilo de Dios— es lo que se propone mostrarte este libro. Dar por extensión significa multiplicar, es exponencial. Así se creó el universo. Uno se vuelve dos, dos en cuatro, cuatro en dieciséis... Así te formaste en el vientre de tu madre. Se te explicó cómo funciona. El manual de la creación está en ti. Míralo ¿Requieres más pruebas de la existencia de Dios? Solo tienes que mirarte para entender lo que se te ha explicado en miles de formas.

Todos requerimos sustento. La creación lo contempló todo. Se te dio la vida y lo necesario para disfrutarla, no tienes que buscarlo con vehemencia. Ahí está, dentro de ti. Tus dones no son para que te sientas especial, al menos no más que otros. Tus dones son para que te sustentes a ti mismo y haces eso cada vez que los usas al servicio de la cooperación. Por ello vuelven a ti.

Estamos en un mundo abundante, solo mira lo que ha ocurrido en los últimos años. Internet es una prueba de ello. ¿Dónde está eso que conoces como internet? Ya ni siquiera lo piensas, solo lo usas y ya. La energía eléctrica es otra prueba de ello. Prendes y apagas el interruptor sin pensar que esa energía es la misma que conecta tus neuronas y les da vida a tus órganos. ¿Quién la puso ahí? Es inagotable e infinita. No tienes que pagar la cuenta de tu servicio eléctrico para que tus neuronas te devuelvan la experiencia de pensar o de sentir. Tu corazón late por efecto de algo que has dado por sentado. Es la sustancia de la vida. ¿Has pensado de donde proviene?

Te has acostumbrado a pagar un precio muy alto por cosas, pero si lo piensas, ninguna te proporciona vida. Se supone que están ahí para hacer más rica tu experiencia, no para restarte como lo hacen cuando te sientes carente de zapatos ¿Cuántos pares necesitas para hacer latir tu corazón? Por muy bellos que sean no harán que te ames más ni te sientas más feliz. Sé que sabes de lo que hablo, has vivido esa experiencia.

Ahora mira las redes sociales, se supone que nos ayudarían a unir, pero ¿es así? ¿Te sientes más pleno y completo cuando pasas horas contemplando la pantalla? No. Es todo lo contrario. Sientes que requieres todo aquello que te venden en estos medios y te sientes carente cuando ves las fotos de tus amigos disfrutando de "la buena vida". Te preguntas: «¿qué está mal conmigo? quiero eso que me muestran para ser feliz» Pero ¿qué sabes tú de ello? Qué sabes de lo que están viviendo las personas que aparecen detrás de esos filtros. Llega un día — y siempre llega— que aquello que parecía la buena vida, ya no lo es tanto. Eso también te lo informarán las redes sociales cuando comience la batalla por los hijos en medio de un doloroso divorcio. Tú te sientes engañado y no entiendes porque todo falla.

Lo cierto es que lo fundamentado en filtros y apariencia no permanecerá. De hecho nada en este mundo es permanente. Solo nos quedará la experiencia que solo será posible si vives conscientemente, si no, ni eso conservarás, por lo que tendrás que arrastrarte con pena sin entender qué pasó contigo.

Una vez más te invito a tomar de la mano a nuestra bella Pillar-Phi y sus pilares de la consciencia. Anímate a vivir una vida fundamentada en el amor a ti mismo. De igual forma, tus zapatos se desgastarán, tu cuerpo envejecerá. Eso es seguro porque no lo requieres para experimentar la vida. Seguirás, si así lo quieres, en otro cuerpo y en otro lugar.

Pero entonces, ¿para qué quiero elevar mi consciencia si todo se acabará en algún momento? Esta es una pregunta cuya respuesta nos elevará hasta el cielo. Observa con atención.

Estás aquí para disfrutar. La alegría es el entorno perfecto para la Buena Vida con mayúsculas y sin comillas. Compra tus zapatos y disfruta caminar con ellos. Siente su textura y ve como realzan tu belleza, no porque puedan hacerlo en sí. Te ves hermosa porque disfrutas. Te disfrutas. Ahora, por favor, saca la mirada de tus zapatos y ve tu rostro. ¿Estás sonriendo? Estás viva. Si aún sientes que requieres otro par para ser feliz, te habrás enredado otra vez.

Enredarse en los encantos del mundo no es para sentirse mal, tampoco culpable. No hace falta que te castigues, te critiques y una vez más te percibas como un ser despreciable o por lo menos incompleto. Hacer eso te llevará una vez más al mundo del que quieres salir. La culpabilidad ni en sopa.

Encontrar el sustento para ti mismo y tu familia —si decides tener una— no es para los superdotados y los "elegidos". El sustento es inherente a la vida. Si estás aquí debes de dar por entendido que todo lo que requieras para una vida plena está ya para ti. Observa que no estoy diciendo que se te dará todo lo que requieras para sobrevivir. Al igual que la culpabilidad, la supervivencia es otra palabra que tendrás que suprimir de tu vocabulario. No estás aquí para sobrevivir o lo que es lo mismo, llegar vivo a tu caverna después de haber corrido como enajenado, burlando a los mamuts en la carrera por encontrar unas ballas para alimentarte.

Ese recuerdo de supervivencia es lo que te hace vivir ahora una vez más enajenado por tu "carrera profesional" ¿Te suena? Vives siguiendo un impulso biológico. Ya no es necesario vivir en esa carrera por la vida. No es necesario ganarse la vida. Esta es otra expresión que ha vivido enquistada en tu mente. ¿Ganarse la vida? ¿Por qué ganarse algo que ya tienes? Estás vivo ¡Tú eres la vida! En el otro extremo te invito a que observes si te sientes vivo en el trabajo en el que ahora te encuentras. Se supone que te ganas la vida, pero te sientes muerto. Contradictorio.

El reconocimiento es parecido al sustento, solo que es para el alma. No puedes dar reconocimiento en lugar de sustento, tampoco a la inversa. *Amor, reconocimiento y sustento* es una triada nutritiva. Nutre al que da y al que recibe. Nutre las relaciones y les da brillo y vida para los días de lluvia. Para el invierno que seguramente llegará requieres estos tres elementos. Todas las relaciones tienen sus estaciones, así como en la naturaleza. Haber olvidado esto es por mucho lo que acaba con el amor en la pareja y lo que acaba con el amor en las relaciones de trabajo, si es que algún día lo hubo.

Nutrir nuestras relaciones es el mecanismo perfecto para mantenerlas en armonía, respetando sus ciclos. Para ello requieres estar alerta a estos ciclos. Tú sabes que el invierno llegará por los cambios en las hojas de los árboles que nos regaló el otoño. Nunca ocurre de un día para otro. La naturaleza es sabia. Cuando las hojas comienzan a cambiar de color sabes que se acerca un cambio importante. Ese cambio es totalmente natural, no es una tragedia. Los árboles no hacen un drama cuando el verde brillante se torna pardo. Las hojas se rinden a la transformación y una vez llegado el momento, se dejan caer. Al llegar a la tierra nutren el césped convirtiéndose en el sustrato perfecto para un nuevo ciclo que nutrirá el mismo árbol.

Así son las relaciones, pasan por cambios naturales y siempre vuelven a comenzar. Tal vez tu amor cambie de lugar. Puede que ahora te veas entregando tu amor a la creación de un proyecto. Tal vez el amor que antes entregabas a tus hijos ahora lo reciban las plantas o la comunidad. Tal vez el beso apasionado que dabas a tu pareja ahora se lo dará una pareja apasionada que forma parte de los personajes de tu fabulosa novela.

En las relaciones laborales es igual. No siempre estaremos de acuerdo. Tal vez haya llegado el momento de partir. Permanecer en un trabajo que ya no te gusta, aun cuando antes te apasionaba, es un error de lo más común. El falso sentido de seguridad que te da el camino recorrido puede ser fácilmente confundido con el miedo que tienes a aventurarte a lo nuevo. En mi historia laboral hice justo eso, seguir porque ya había recorrido un largo camino. Con ello me quede como una hoja seca pegada a un árbol que ya no daba más frutos. Peor aún. Un árbol infestado de plagas en donde era imposible dar ningún fruto.

Es importante aprender cuando se están cerrando los ciclos con la certeza de que una vez terminada una estación, comenzará otra. Siempre te renovarás. A menos que quieras quedarte siendo abono toda la vida. No. Hay un tiempo para ser pimpollo y otro para ser flor. El tiempo de ser abono es inevitable, pero pasajero.

El camino de cada persona es distinto. Sin embargo, el camino de otra persona puede sumarle al tuyo. Por ello es imprescindible que nos ayudemos a caminar o por lo menos respetemos el tránsito sin ser un estorbo. Hacemos esto cuando les restamos el sustento que merecen y así les negamos el reconocimiento de su derecho a existir. Como dijimos, la falta de reconocimiento es falta de sustento para el alma, así como el agua y el sol son para los árboles. Si les das agua, pero no se exponen a la luz solar perderán su brillo y su fuerza. Todas nuestras relaciones requieren agua y sol, somos plantitas de amor. Vivimos por y para el amor.

Así pues, aquí algunas lecciones de liderazgo alineado a la vida. Conoce a tus colaboradores y una vez que esto ocurra, reconócelos cada día. Reconocer es no dar por sentada su presencia. Reconocer es nutrir la relación con intimidad de la buena. Mirar a los ojos es reconocer. Respetar sus duelos y procesos es reconocer. Dejarlos partir es reconocerles por lo que te dieron y les diste, pero que no pueden darse más. Terminar una relación laboral con amor es fundamental para el sostenimiento de tu empresa. Cada vez que fallas a tus empleados les fallas a tus clientes. No puedes obviar esto. Acción – Reacción. Causa y efecto.

El único reconocimiento que nunca te faltará es el que proviene de ti. Aprender a reconocer quién eres, cuáles son tus sueños, y todo aquello que identificas que te falta por aprender te pone en la posibilidad de recibir ese mismo reconocimiento del exterior. Tu entorno puede estar atento a lo que haces y a tus logros más significativos, aunque todos sabemos que en un mundo donde todos van a la suya puede ser que ni siquiera noten que existes. Así funciona en muchos entornos laborales. Tú no debes preocuparte por cambiar eso por ahora. Solo debes ocuparte de tomar nota de todo aquello que le aportas a tu vida y a la vida de los demás, por el solo hecho de existir y moverte por el mundo usando tus talentos. Si eso vuelve en forma de un ascenso, un bono extraordinario o te llevas los aplausos en la junta de resultados, disfruta y agradece. Si no, aplaude para ti. Cómprate algo bonito, toma un buen baño con esencias florales o, simplemente, ve a celebrar con tu pareja o con tu gato.

Lo importante es que le des un alto significado a tus avances. Eso nutrirá tu espíritu y muy probablemente el universo te lo devuelva multiplicado con otro tipo de empleo, un amigo especial o una noche romántica. Esto es así porque de igual forma el universo responde a tu vibración, se llama ley de vibración. Si vibras en amor y reconocimiento, te encontrarás con más amor y mucho más reconocimiento. Si por el contrario, menosprecias tus avances diciendo: «No fue nada», le lanzas al Universo —incluido tu jefe— el mensaje de que tu trabajo es "nada". Es fundamental que no te cuentes entre los que desprecian o no reconocen tu talento y contribución. Recuerda. Hay que "empezar por casa". Primero me reconozco a mí mismo con todas mis facetas.

Amor, reconocimiento y sustento forman parte de la triada del autorrespeto que nos lleva a construir una autoestima sana y edificante. Siempre parte de tu interior y una vez instalada en tu ser, se expandirá como algodón de azúcar dándote razones para sonreír todo el día, sin importar el desarrollo de consciencia de tu jefe o tu pareja.

Si tenemos la intención de generar riqueza para nuestras empresas ¿por qué empeñarse en castigar el salario y beneficios de nuestros empleados? Es verdad que requerimos de finanzas sanas y ser responsables con nuestros proyectos de crecimiento y sostenibilidad, eso nos da la posibilidad de expandirnos. Hay que tomarlo con seriedad, no lo niego. Sin embargo, sabemos que un pago justo y transparente por los resultados que fijamos a cada colaborador, siempre te generará mejores resultados y multiplicará de forma exponencial la calidad del servicio que reciben tus clientes.

Tus equipos son la cara de tu empresa. La energía con la que ellos se presentan ante tus clientes y prospectos es de lo más evidente. Todos hemos sido tratados de forma descuidada cuando vamos por la compra al supermercado o cuando vamos a un restaurante a pasarlo bien. Todos hemos presenciado también el despliegue mágico de un colaborador satisfecho y feliz. Se percibe desde un avión cuando una persona se siente satisfecha con la labor que desempeña. De la misma forma en que se percibe el desinterés y hartazgo, aun cuando la interacción se haga mediante un mecanismo electrónico o una llamada telefónica.

El entrenamiento y capacitación continua y significativa, es otra forma de amar, reconocer y sustentar a nuestros colaboradores. Nunca es demasiado. Mi única acotación sobre este tema radica en hacerla significativa y que siempre incluya un factor de corresponsabilidad para esta inversión.

En el *Mindset Businessasyoulove* que pretendemos instalar con estas propuestas, la responsabilidad por el aprendizaje continuo corresponde a cada persona. "Mi desarrollo es mi responsabilidad". No es que la empresa no deba invertir tiempo y dinero en ello, eso es claro. Pero esto no garantiza que sea efectiva si nos empeñamos en ignorar que cada persona aprende de manera distinta. La buena capacitación siempre ha de incluir un estudio de la didáctica inclusiva requerida para impactar a las personas tomando en cuenta su perfil de aprendizaje acelerado.

Pretendemos hacer que las personas aprendan como cuando íbamos a la escuela y éramos niños. Ya no lo somos. Nuestras múltiples ocupaciones familiares, así como el estrés al que están sometidas las personas en sus empresas, entorpece el aprendizaje y la integración de los nuevos conocimientos. Por ello, muchas de estas inversiones se convierten en dinero en la basura. Es necesario dar un salto en la forma en la que nos educamos en la edad adulta. Es urgente revisar donde invertimos el preciado recurso de la capacitación continua. Para que esta sea efectiva para los colaboradores y los objetivos de la empresa debe incluir consciencia de oportunidad.

¿Qué es la consciencia de oportunidad? Te explico ya que es un tema trascendente para el éxito de tu empresa. A dónde va tu empresa ¿lo sabes? ¿En qué parte del desarrollo social y económico estás participando? ¿Qué aportas o restas a la construcción de la nueva tierra? ¿Estás proponiendo o estás siguiendo las tendencias? Son demasiadas las preguntas que debes contestar para ser un empresario consciente y alineado con la vida. De ahí parten las oportunidades que te harán crecer y evolucionar. De ahí podrás formular un programa de capacitación y desarrollo alineado con tus más altos objetivos.

Desde la consciencia de oportunidad generarás riqueza porque ya no estás peleando con tu competidor para tomar una rebanada de un pastel rancio y feo. Cocina tu propio pastel o lo que es lo mismo, crea tu propio mercado. Como dije en forma reiterada a lo largo de este libro, este mundo requiere soluciones para todos los ámbitos. Esas soluciones se asoman en cada movimiento que das en un día común. Te levantas y requieres agua, entonces habrá que ver cómo hacemos para llevar *agua viva* a todas las personas de tu entorno, sin que eso signifique llenar el océano de plástico. Te bañas y requieres limpiar y embellecer tu cuerpo. ¿Has visto todo lo que contienen los productos que te pones en el cuerpo que están lejos de limpiar y embellecer tu organismo?

Observa la etiqueta. Mejor aún, observa qué te dice tu cuerpo ¿Se siente bien? ¿Te sientes irritado? Observa y verás que todo está puesto a la vista. Solo tienes que practicar la observación consciente o contemplación.

Activa tu consciencia de abundancia y verás que tu empresa dará un salto cuántico en el arte de generar valor consciente para nuestra nueva y hermosa tierra. El pastel será todo tuyo, para tu disfrute. Solo quiero que tengas algo en cuenta: si te lo comes todo sin compartir con los miembros de tu empresa y la comunidad, te darás un atracón que te devolverá un fuerte dolor de panza y así, lastimarás a tu empresa.

Para ti, querido colaborador, tengo algunos mensajes de alta relevancia en los temas de consciencia y madurez laboral. Cada que te niegas a dar lo mejor de ti, faltas al acuerdo que hiciste con tu empleador. Hacer mal un trabajo solo porque no te sientes inspirado te resta abundancia. Recibir una paga por un trabajo que no hiciste, también. Tendrás que avanzar y hacer los cambios necesarios si esto está ocurriendo. Quedarte en un trabajo sintiéndote resentido con la vida y con tu empleador, siempre te restará. Esto es porque traicionas a tu ser y lo haces todos los días. También aplica la ley de causa y efecto para ti, nadie escapa a ello. Se llama depresión, desconexión con la vida, y eso es peor que no tener trabajo porque contamina tus relaciones.

Todos los aspectos de ti sufren cuando no te sientes pleno y dejas de reconocer al niño creativo que hay en ti. Ese niño creativo que dejaste atrás te jalará de la camisa todos los días. Por eso es por lo que no te concentras en lo que haces. El niño creativo y juguetón se vuelve insoportable y berrinchudo, quiere un litro de helado pero no se sacia. No te dejará dormir, tocará la misma canción mil veces y no podrás callarlo. Se vuelve grosero y escupe. Sí. Critica el trabajo de los otros sin piedad. Esconde las llaves del auto justo cuando vas tarde a la junta con tu jefe.

Reconocer a ese niño es fundamental para la salud mental de cada ser humano. Míralo, pregúntale qué quiere, por qué no te deja dormir. En lugar de usar somníferos puedes hacer preguntas. Levántate de la cama, toma papel y lápiz y pregúntale a ese niño. ¿Qué puedo hacer por ti? Haz silencio y observa qué recibes. Puede que no te conteste a la primera. Está emberrinchado y está acostumbrado a que no le hagas caso. Así que tendrás que ser paciente. Dile que estás ahí. Que estás dispuesto a retomar la relación con él y espera.

Pueden pasar días antes de que recibas una respuesta que puedas entender, pero él lo hará. Se levantará y con sus dulces ojos llorosos te mirará. Se sentirá tímido al comienzo, eso es porque no se conocen ya. Ha pasado tiempo, pero el amor permanece. Se paciente, acércate sin exigir nada, solo observa y si ves que es oportuno, seca sus lágrimas. Estás ante la presencia de la inocencia. ¿Qué crees que te dirá? Reconocer a ese niño es el primer paso para reconocer a las personas en tu mundo de un modo auténtico. No puedes hacerlo al revés porque no puedes dar lo que no tienes. Un paso a la vez.

Ahora avanzaremos al último segmento de esta propuesta. Abordaremos el arte de crear tomando como base la forma en la que fue creado el universo. Todo tiene un orden. Todo está conectado de formas que pueden no ser tan evidentes y, sin embargo, así es. Te adelanto que ninguno de los conceptos con los que cerraremos esta plataforma de bienestar te son ajenos, si acaso las hemos obviado. Por ello he hecho uso de la simplicidad —reto para mi mente compleja— para ponerlas en palabras que podamos insertar en nuestra cotidianidad. Creo desde el fondo de mi corazón que si algo no nos es útil para resolver nuestros problemas y retos más ordinarios, no vale la pena invertir energía en ello. De qué nos sirvió "llegar a la luna" si estamos tan despegados de la tierra. Es aquí en nuestros entornos, nuestras familias y nuestras empresas donde todo está ocurriendo.

PARTE VII

MI SER CREADOR

Leyes de Creación consciente

La triada perfecta para el bienestar en colaboración comienza siempre por el bienestar individual, a este le siguen la cooperación y la consciencia de unidad.

Ya hablamos de atender el niño interior, ese niño que sabe cuáles son tus dones. Él experimenta y crea con tus dones, él toma riesgos y a veces puede ser impulsivo. Aquí es necesaria tu presencia amorosa para contenerle y decirle: «Amo quién eres, amo tu fuerza, amo tu sonrisa». El padre/madre de ese niño eres tú, por eso tus experiencias son un regalo de sabiduría para ese niño. No es conocimiento teórico. Ya experimentaste con el fuego y te quemaste los dedos. Ya experimentaste desafiando la fuerza de gravedad y caíste de cara contra el suelo. Duele, lo sabes. Ya experimentaste el renunciar a ti para complacer a otros y eso dolió aún más. Ya te enteraste. Desafiar las leyes del universo es lo que se espera que hagas. Esto es para que puedas experimentar y comprender lo que ocurre cuando intentas volar usando la capa de superhéroe que te confeccionaste con la funda de tu almohada. Solo lo entenderás experimentando. Así llegamos a los aviones de última generación que ves en el cielo todos los días y que ya ni siquiera te sorprenden.

Exploremos otra ley del universo desde la experiencia cotidiana para que veas por qué se establecieron para hacerte feliz. Cuando uso la palabra leyes, no me refiero a prohibiciones que inmediatamente te invitan a buscar la manera de evadirlas. Las leyes del universo no se establecieron por prohibición, explican cómo funciona el universo y se expresan como leyes porque no las puedes eludir, ni cambiar. Son y punto. Sin embargo, cambiaremos la palabra *leyes* por aspectos o características del universo, si eso te ayuda a comprenderlas. Estos aspectos te permiten conocerlo e integrarlo.

Imagina que vas a un parque de diversiones. Estás emocionado por conocer todo lo que pasa ahí. Llegas y no sabes por donde comenzar. Experimentas con algunas de las atracciones, pero en todas has fallado. Comienzas a sentirte frustrado porque en verdad quieres ganar algunos de los premios; tú sabes, unicornios de peluche y esas cosas que deleitan a la niña en ti. Eres una niña, recuerda.

Quieres todas las golosinas y la emoción de subirte a las atracciones más locas hasta vomitar. Como no estás avanzando te preguntas si es que hay algo que no has entendido. Pues bien, eso es exactamente lo que pasó contigo. No has entendido las reglas de este parque de diversiones. Todos los aspectos del universo funcionan bajo estos principios, así que lo más inteligente que podemos hacer es entender cómo funciona todo. Después de eso solo es cuestión de disfrutar, aprender y avanzar.

Te daré una vuelta por los aspectos del universo que te permitirán ponerte cómodo en él. Observa, por favor, esta belleza en sencillas palabras.

Nuestro universo fue creado por la fuerza del amor. Ese amor es inteligente y crea en perfección. Nada en el universo es por azar. Todo tiene su razón de ser y como ya observamos, todo está conectado. Aunque desde donde tú lo experimentas no parece ser así, déjame darte una vez más una prueba de ello. Mira tu mano. Es un pedacito de la creación. Se mueve por efecto de tu intención, que le indica a tu cerebro: «mueve la mano». Todo comienza con una intención y el resto solo es mecánica de nuestra biología perfecta y sorprendente. Piensa en un arcoíris... ¿Qué te hace pensar cuando lo ves? Perfección y belleza. Así es el universo. Se creó para ti y por ti. Cierto es que no solo es para ti. Lo compartes, y eso es lo que lo hace aún más perfecto. Imagínate sentado mirando el arcoíris, sin poder compartir esa experiencia con tu pareja tomados de la mano. O que tal acariciar a tu pequeño bebé. ¿Casi como ver el arcoíris, cierto? Ahora imagina esas manos metidas en los bolsillos de tu pantalón y tú mirando hacia el suelo. Desolador. Siempre será mejor usar esas manos para acariciar las pequeñas orejas de tu perro. Eso es amor. Tus manos y el arcoíris se hicieron con la misma intención. El universo quiso acariciar tus orejas para hacerte sentir amado, como con tu perro. Todo está conectado.

Ahora demos un paseo por el universo para entender cómo funciona y verás porque tú perteneces a este tiempo.

Primer aspecto. Principio del mentalismo. "El Todo es mente. El Universo es mental". Todo fue pensado antes de ser creado. Todo en el universo pasa por el pensamiento. Por ello es indispensable que aprendas a pensar con responsabilidad. Estás creando constantemente, incluso cuando duermes. Decir algo significa que lo pensaste. La palabra es creadora pero el pensamiento también. Si crees que decir en tu cabeza algo como «odio a mi jefe», no tendrá efectos en ti, en tu jefe y en tu mundo, te equivocas. Tienes un poder inconmensurable. En ti está elegir lo que experimentas.

Segundo aspecto. Principio de correspondencia. "Como es arriba es abajo; como es abajo es arriba". Este principio nos ayuda a entender al universo partiendo de lo que vemos y entendemos desde donde nos encontramos. La belleza y bastedad de nuestra galaxia no la puedes ver desde donde tu mirada humana se puede posar. Aun así, sabes que es inmensa, que se mueve, que se transforma, que tiene un orden. Si comprendes esto, puedes comenzar a ver la bastedad en ti. Tu eres una representación de ese universo porque las leyes nunca fallan. "Como es arriba es abajo"

Transformar algo en tu realidad comienza desde adentro. Cuando cambias tus pensamientos llevándote hacia la paz, la alegría, la cooperación o cualquier situación que quieras experimentar, cambiarás esa realidad. También puedes comenzar desde afuera, pero ojo, no es a las personas a las que deberás cambiar, no funciona así. Por ejemplo, si quieres poner orden en tu pensamiento, comienza por poner orden en tu habitación, en tu casa o en tu escritorio. Si lo haces con consciencia y amor puedes transformar tu mundo interior también. Si quieres mejorar tus relaciones con tus compañeros de trabajo puedes empezar a mejorar la relación que tienes con tus emociones, con tu cuerpo y con tu mundo interior en general. Esto por ley de correspondencia, te reportará una relación más cordial con quienes pasas tu tiempo. Así te será posible comenzar a entender estas sencillas leyes que harán tu experiencia de vida más placentera. Todo parte de ti.

Tercer aspecto. Ley de la vibración. El universo se está moviendo, aun cuando nuestros ojos no lo pueden ver. Una piedra está vibrando aunque parezca sólida e inerte. Todo es vibración que responde a la mente, porque el pensamiento es creador. Lo vimos en la primera ley. La energía y las partículas se mueven en una danza que responde a la velocidad de tu pensamiento y el pensamiento colectivo. Así podemos entender que todo lo que vemos es una representación de esta mente que está moldeando la realidad a través de la vibración. La frecuencia con la que esa vibración se manifieste dará un resultado u otro, dependiendo de cómo estés vibrando tú. Seguramente has oído que el odio vibra de una forma y el amor que es la más alta frecuencia, vibra de otra. Por ello cambiar tus pensamientos te llevará a cambiar tu realidad. No por el capricho de un dios que unas veces quiere y otras no. Sino porque Dios es amor, todo lo que vibra en esa frecuencia dará un resultado. Todo lo que se mueve lejos del amor, te dará la experiencia opuesta. No es tan complicado de entender ya que así lo hemos experimentado millones de veces. Por vibración nos encontramos con las personas y situaciones a lo largo de nuestra vida. Nada ocurre por casualidad sino por la calidad de tus pensamientos, emociones, palabras y acciones. Así fuiste convocando a tus parejas, tus jefes y aquel accidente de tráfico que llamaste "mala suerte".

Cuarto Aspecto. Causa y efecto. Es el más sencillo de entender y por ello es fácilmente pasado por alto. Todo origen tiene su causa. El origen eres tú y lo que hay en tu interior. Si lo lanzas al universo en forma de una sonrisa sincera puede que no recibas una sonrisa en el mismo instante, tal vez sí, pero nunca lo puedes garantizar. Lo que sí está garantizado es que esa sonrisa regresará, tal vez en la forma de un cajón de estacionamiento libre, justo cuando más lo necesitas o quizá tu hijo reciba ayuda de un compañero en la escuela, nunca lo sabes. También es verdad que, si la causa es una mentira o difamación para tu competidor, en algún momento te encontrarás con ella. Nunca falla. No por un castigo de un dios que toma nota de tus errores, sino porque así es. En el parque de diversiones en el que estamos parados hay reglamentos para garantizar una experiencia completa.

Intentar discutir con la ley de gravedad puede ser divertido pero podrías hacerte daño. La ley de causa y efecto por su lado te invita a hacerte responsable de lo que piensas, dices y haces. No porque debas o quieras. Al ser una ley toda expresión tuya tendrá efectos, por lo tanto recibirás lo que enviaste al universo al pensar, decir y hacer. No es por mandato, no es una amenaza, es lo que es. Discutir con esta ley es como discutir con la gravedad. Sabes en donde terminará todo.

Quinto aspecto. Polaridad. Este principio del Universo nos indica que todo tiene su opuesto. Frio y calor, luz y oscuridad. Forman parte de lo mismo, pero en diferentes polos, así como el electrón y el protón forman parte de los átomos que componen tu materia. Entender este principio nos ayuda a salir del "yo estoy bien y tú estás mal". En realidad lo que está ocurriendo es un fenómeno universal, donde ambos forman parte de lo mismo, pero se encuentran en los extremos de una situación. La buena noticia es que este principio nos dice que los extremos se encuentran como las dos puntas de un listón. Esto solo requiere voluntad para voltear y mirar al otro que no está separado de ti, solo están mirando en diferentes direcciones. Nuestras relaciones pueden mejorar al entender esto, porque nos ayuda a comprender que todas las verdades son medias verdades. Así como no podemos diferenciar donde termina el frio y comienza el calor en una escala o en una habitación, tendremos que aceptar que nuestros puntos de vista, aunque parezcan conflictivos e irreconciliables no lo son. Tanto si se alejan como si se acercan, se encontrarán. Llegaremos al mismo punto.

Resulta interesante saber que la polaridad se estableció para crear la neutralidad. Imagínate al protón peleando con el electrón. Absurdo ¿verdad? Nada en la vida podría existir. Así de absurdos son nuestros desacuerdos. Entender esto nos evitará las guerras y cualquier clase de conflicto. El equilibrio, que es el punto neutral de la vida, es la meta.

Sexto aspecto. El ritmo. Las fases de la luna, el ciclo menstrual, las estaciones del año, etc. Son ejemplos de los procesos de creación y destrucción que son naturales en todo. Sin excepción estamos cambiando y nos movemos en los ciclos. Entender esto te ayudará a fluir con la vida sabiendo que todo comienzo tiene un final y luego, un nuevo despertar. Al entender esta ley no solo podrás comprender el sube y baja de la vida sin sentir ansiedad, sino que podrás anticipar cuando un ciclo se está cerrando por pura observación. Al restarle el drama a los finales en tu vida dejarás de sufrir y te dedicarás a disfrutar.

Séptimo Aspecto. Ley de Generación o género. Completitud en sus dos aspectos creadores. Este es muy interesante porque nos ayuda a entender al Ser completo. Eso que llamamos masculino y femenino son dos aspectos de uno mismo. Por ello hemos vivido en la desconexión. Fuiste mutilado de una parte de tu experiencia al pensar que si naciste como mujer no puedes expresar tu parte masculina y viceversa. Por eso te sientes incompleto y peleas por aquello que no puedes reconocer. El femenino en ti es creador, el masculino en ti es ejecutor. Esto quiere decir que para llevar a cabo tus planes tienes que crearlos en tu mente y después crearlos en la realidad. Para ello requieres que tus aspectos masculinos y femeninos se tomen de la mano. Si tienes problemas en alguno de estos pasos podrás hacerte una idea de dónde comenzar a explorar. Puedes trabajar en ti para desarrollar esa parte que aún no está activa. Integrar a tus padres es una buena manera de comenzar. Para ello no es necesario que los conozcas, ni siquiera que los comprendas. Solo es necesario que los integres como dadores de vida.

Al entender cómo funciona el universo puedes moverte con consciencia y relajado. Aprenderás a tener cuidado con el contenido de tu mente porque sabes que todo lo que proviene de ti es creador. Esto requiere normas básicas de higiene mental, como aprender a vaciar el pensamiento cuando este se vuelve errático. Para ello es recomendable observar cómo te sientes con ciertos pensamientos y qué experiencias te devuelven. Una vez que observes tus maquinaciones tendrás más consciencia de ellas y las podrás cambiar.

La comprensión de estas leyes viene de la observación plena y la aplicación práctica en todos los ámbitos de tu vida. Estas leyes no se establecieron para memorizarse, sino para experimentarse en plenitud. Su observación puede arrojarte ganancias en tus situaciones cotidianas para que no te retrases más en tu evolución espiritual. A la luz del entendimiento de estás leyes, la experimentación de tu alma curiosa, que siempre busca saber qué más hay, se dará de un modo responsable pero amoroso.

Por ejemplo, entender la ley de la polaridad nos ayuda a comprender los puntos de vista de las personas a tu alrededor desde donde cada uno se encuentra. Esto valida las opiniones de otros en vez de destruirlas. En los ambientes laborales es muy común, por ello entender esto con claridad ayudará a que en cada situación veas que todos los implicados tiene la perspectiva de sus propios polos. Resulta enriquecedor para la búsqueda de soluciones conjuntas que atiendan el problema y lo resuelvan. Así, todos aportaremos en vez de restarnos y desgastarnos en conversaciones que solo nos lastiman.

La ley del ritmo puede ser útil para entender en qué fase se encuentra un proyecto, una empresa o una relación del tipo que sea. El ritmo señala que todo se está transformando pero no lo hace de un modo caótico y sin sentido, por el contrario, todo proyecto o situación se desarrolla como en el juego de la rueda de la fortuna, primero arriba y luego abajo. Mientras este cambio sucede nos encontraremos con un sinfín de etapas para disfrutar del paisaje desde donde te encuentres transitando. Si lo vemos de forma positiva esto es enriquecedor, nos habla de posibilidades y todos los matices de cada momento. Tu carrera laboral, por ejemplo, también sigue ritmos y observarlos te dará información valiosa para tomar decisiones en favor de tu crecimiento y desarrollo. Sabrás cuando vas a favor de la gravedad y cuando tendrás que intensificar tus aprendizajes si no quieres quedarte atascado.

Las empresas no se escapan a estos ciclos, si miras dejando a un lado la soberbia, podrás darte cuenta cuando estás evolucionando y cuando entraste en fase de involución. La involución no es mala en sí, de hecho es el mejor momento para prepararse para innovar, aunque para eso tengas que destruir muchas de las ideas o proyectos que en otro momento fueron exitosos. Solo así podrás resurgir ofreciendo un nuevo servicio alineado con las necesidades del mercado. Por supuesto, para eso deberás estar atento (contemplación) y aplicar el principio del vacío que significa dejar partir lo viejo para que lo nuevo llegue.

Cuando hablamos de innovación el principio de Generación se arremanga la camisa y da un salto para apoyarte con tus nuevos proyectos. Los principios masculino y femenino son en realidad dos partes de un todo. En los procesos de creatividad e innovación son fundamentales para que lo nuevo surja. Un bebé surge de la suma de ambas energías, así tu nuevo bebé (proyecto), no estará completo si le falta una parte.

El principio masculino es dador y el femenino es receptor. Todas las nuevas ideas surgieron de respetar esta unión en balance. Un emprendimiento con energía masculina en desequilibrio solo dará pero no recibirá. Esto nos llevará a la banca rota de forma inminente. Si solo pone, pero no recibe ¿dónde está el negocio? En el otro lado, un emprendimiento con poca energía masculina no podrá ver la luz. Habrá muchas ideas, pero sin ejecución. Por ello nuestra sociedad requiere desarrollar este equilibrio. La equidad no parte solo de tener 50/50 en hombres y mujeres, sino por la responsabilidad que cada ser tiene en desarrollarse desde sus principios generadores de vida masculinos y femeninos. Todos los tenemos, nadie vino incompleto. Lo que en todo caso puede estar sucediendo es que nuestro condicionamiento social no ha permitido que esto se desarrolle en equilibrio. Al suprimir a la mujer de las decisiones importantes como el voto o el desarrollo de profesiones como la medicina o las leyes, el equilibrio se perdió. Con ello nos retrasamos como humanidad en integrar la creatividad, receptividad y otras cualidades de la energía femenina. Del otro lado no lo hicimos mejor al intentar suprimir en el hombre los rasgos del cuidado, la reflexión y la intuición, la cual por cierto no es un rasgo de la mujer, sino de ambos sexos.

Nos hemos perdido de lo mejor de ambos mundos. Peor aún, nos hemos perdido de la complementariedad que surge de la suma y potencialidad infinita de ambas partes. Por eso te invito a explorar y desarrollar ambas energías en ti, solo así te experimentarás como un ser completo. Con ello podrás acceder a eso que llamamos tu mejor potencial. No lo haremos desde la mutilación energética creativa o dadora.

Hemos llegado al final de este recorrido. Pediste un manual del universo. Concedido. Solo que este es tu manual, porque tú eres el creador. Estudia estas reglas, leyes, aspectos o características del Ser Creador, entonces estarás listo para ponerte cómodo en la aventura de la vida.

SIENDO BUSINESSASYOULOVE

Crear una rutina amorosa es hacer al Amor parte de tu vida. Puedes comenzar por lo referente al trabajo porque pasas mucho tiempo de tu día atendiendo ese tema, aunque puedes iniciar por donde tu prefieras. Pronto extenderás sus efectos en otras áreas de tu vida. Para que la sabiduría de esta información se convierta en una forma de vivir, es necesario ponerla en práctica, no basta con leer y entender con la cabeza, hay que abrir el corazón para que forme parte de ti. Crear una rutina amorosa puede comenzar con el agradecimiento, esa es la llave más poderosa para crear lo que tú quieras, asumiendo que está ya ahí para ti y que forma parte de tu realidad en el ahora. Sentir tu corazón por las mañanas mientras agradeces es otra práctica sencilla para ayudarte a conectar con el instante presente. Después, puedes poner tus pies sobre el suelo tomando conciencia de que estás unido a la tierra, eso bastará para recordarte quien sustenta tu vida. Al levantarte y mirar la luz del Sol, puedes también recordar la fuente de vida más poderosa que en conjunto con la tierra son una clara representación del Padre y la Madre que yacen en ti. Esto es muy positivo porque ese sustento no está condicionado a nada. Ni La Tierra ni El Sol pueden quedarse sin vida y ciertamente están ahí para ti. El aire, el agua y el fuego provienen de ellos, así como los alimentos que llevas a tu boca todos los días, son infinitos. Esto te conectará con la abundancia que quieres y mereces.

Llenar tus días de observación consciente de lo que está ocurriendo en tu experiencia, es otra forma de acercarte al bienestar porque es ahí, en lo cotidiano, donde se requiere de ti. Ahí está tu punto de partida para crearte una buena vida. Observa lo que está ocurriendo con tu cuerpo y haz los cambios que requieras al preguntarte: ¿Cómo me siento hoy? Recibirás señales para comenzar a actuar a tu favor.

Después de atenderte a ti mismo, observa cómo están tus relaciones con las demás personas, tus hijos, compañeros de trabajo o tus padres. Analiza sin juzgar cómo está todo en tu mundo. Pregunta, ¿qué es lo que se requiere de mi en esta situación? Deja que las respuestas lleguen mediante los sucesos de ese día y antes de ir a dormir pide a tu corazón la sabiduría necesaria para actuar. Que tu último pensamiento antes de quedarte dormido sea: *"Sé que tengo las respuestas y soluciones adecuadas para cada situación"*. Duerme sin preocupación asumiendo que ya posees todo lo que requieres para poner tu mundo en orden. Estas pueden ser acciones muy poderosas para comenzar, haz de ellas un hábito saludable en tu día a día. Esto es oración, esto es meditación. Si te preguntaste alguna vez como funciona, aquí te he dado pautas para ello. No requieres más complejidad.

Hacer una revisión constante de los pilares de la consciencia o las leyes de creación consciente en todos los desafíos que la vida te presente, te ayudará a tener un mapa de ruta en las manos. Ellos te informarán si vas por la ruta trazada para ti o te has salido del camino, en cuyo caso, su aplicación constante será como ajustar las velas de tu barco. Volverás a la senda en poco tiempo si lo haces de manera rutinaria. En resumen, esto es vivir una vida consciente.

PARTE FINAL

Hemos dado un paseo por la vida. Comenzamos nuestro recorrido por el trabajo porque es ahí donde pasas la mayor parte del tiempo en este mundo. Para acercarme a ti, tuve que llegar por la fuente de tu mayor angustia, solo para decirte que no estás aquí para trabajar. No viniste aquí para eso. Estás aquí para crear en tus propios términos. Tu contribución a la vida sí que es relevante y eso es en lo que me quiero centrar en las últimas líneas de este libro.

Cuando encarnaste en la tierra sabías que nos encontraríamos en este libro. Acordamos que yo escribiría y que tu leerías con atención hasta el final. Los paseos que hemos dado juntos a través del contenido de este libro nos han acercado a temas que parecieran haberse salido del argumento de esta historia, pero si lo piensas bien, no ha sido así. Tuvimos que ir al origen de la creación para entender por qué nos comportamos de la forma en que lo hacemos, y revisar el costo de esas decisiones en ti y en todo lo que te rodea. Fuimos al origen del problema para comprender la solución. Los antivalores en los que has construido tu vida te han dado justo la clase de experiencia que deberían darte, por lo que la experiencia contraria solo puede darse partiendo de una nueva visión. El amor decidió explicarse a sí mismo desde los pilares de la consciencia para ayudarte a comprender lo que te construye como persona y una vez bien armado, se te invita a que saltes y te integres al rio de la vida. Para ello se crearon *Baúl,Phi&Path*. Creamos estos personajes para hablar en tu dulce idioma. Para hablarle al tierno e inocente corazón que hay en ti. Deseamos que juegues con ellos y te atrevas a darle vida a tus más altos sueños. Solo así saldremos de la represión.

Los principios de colaboración armónica y de alimento para tu Ser nos llevarán dulcemente y con cuidado a donde no hemos estado jamás. La paz se convertirá en tu estado natural. Las leyes del universo son instrucciones para el juego de la creación por complementariedad. De ello emergerá la nueva tierra que con su dulce sonrisa te recordará que eres sostenido con toda abundancia y bastedad. Hay suficiente para todos. El Sol dador de vida te provee de todos los elementos para crear todo lo que conoces, incluido tú. Él nunca te juzgará por tus creaciones. Eres tú quien tendrá que aprender a discernir lo que construye tu bienestar. Él no necesita de tu reverencia, sí de tu reconocimiento para que recuerdes tu origen cósmico y que fuiste creado de la luz. Sí. Eres una gota de luz. La oscuridad es solo perspectiva y esa, mi amado lector, es la lección final.

AGRADECIMIENTOS

Este libro está compuesto por las múltiples facetas de mi alma y mi recorrido de vuelta al Hogar. Ese Hogar radica en el corazón de cada uno de nosotros, por lo que en realidad nunca hemos salido de casa. El trayecto ha sido largo y extenuante debido a la diversidad de experiencias que nos propusimos experimentar para así conocer el amor en toda su amplitud y profundidad. Por ello, gracias a mi alma por tan bella experiencia.

Mi madre y mi hija son extensiones de mi ser, por ello les guardo siempre en mi corazón en el que siempre tendrán un lugar especial. Ambas han enriquecido mi experiencia con dulzura y sabiduría por igual. Mi eterno agradecimiento por ser causa y consecuencia del amor incondicional.

Aquí es necesario nombrar y reconocer a cada una de las personas que nos han antecedido en el desarrollo de nuestra *consciencia de unidad* y que con su trabajo nos han abierto las puertas a tan basta fuente de inspiración y sabiduría. En especial a Kai, y a todo el equipo que nos ha acompañado en este bello camino.

He sido bendecida por La Vida al encontrarme con almas de diferentes orígenes cuyas expresiones me han ayudado a recordar mi verdadera identidad creativa y creadora. Para ellas, solo unas palabras: Gracias infinitas. No pudo ser Mejor.

ANEXO 1.
MAPA PROGRAMA MI BIENESTAR.
BUSINESSASYOULOVE

ANEXO 2.
BAÚL, PHI&PATH. MI PROYECTO CONSCIENTE.
MAPA DE CREACIÓN Y RECREACIÓN.

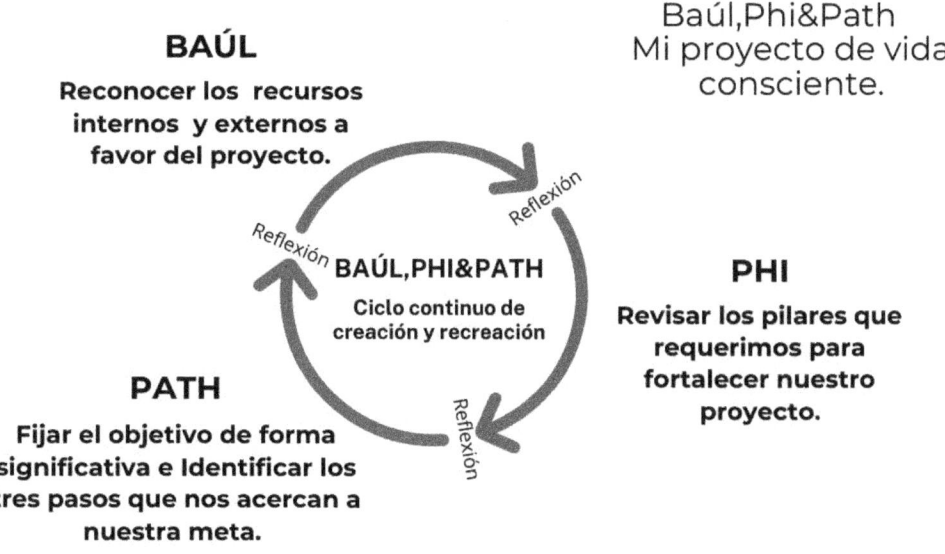

ANEXO 3.
BAÚL, PHI&PATH MI PROYECTO CONSCIENTE.
MAPA DE CREACIÓN Y RECREACIÓN.
HAGAMOS PREGUNTAS.

Baúl,Phi&Path©
Mi proyecto de vida consciente

Baúl
A. ¿Quién he sido?
B. ¿Quién quiero ser?
C. ¿Qué es lo que tengo para ofrecer a La Vida?

Phi
¿Qué pilares de la consciencia quiero integrar a mi proyecto?

Path
A. ¿Qué és lo que quiero?
B. ¿Para qué lo quiero?
C. ¿Qué pasos tengo que dar en mi plan de acción y por cuánto tiempo?

ANEXO 4.
EJEMPLO METAS SIGNIFICATIVAS Y PATH. "MI HUERTO".

METAS SIGNIFICATIVAS Y PATH

¿PARA QUÉ LO QUIERO? A) ACERCARME A LA NATURALEZA, ME DA PAZ. **¿QUÉ QUIERO?** TENER UN HUERTO EN CASA. B) MIS AMIGAS LO TIENEN, QUIERO UNO IGUAL.

	TRES PASOS ¿Qué? ¿Cuándo y/o por cuánto tiempo?	APRENDIZAJES REFLEXIÓN	TRES NUEVOS PASOS
1	Hacer visualización creativa	Quiero plantas de todas las especies aromáticas. Quiero que huela a flores.	Algunas especies requieren mucha atención. Prefiero especies menos demandantes.
2	Investigar en redes como lo hicieron otros y como lo lograron	Requiero mucha inversión y mucho tiempo para lograrlo	Visitar huertos locales y comprar plántulas
3	Revisar los elementos con los que ya cuento.	Requiero más espacio en mi balcón.	Reorganizar el espacio en mi balcón
	La próxima semana.		Antes de fin de mes.

SEMBLANZA DEL AUTOR

Ivett Z. Palomet es autora y *coach* de desarrollo profesional y vida consciente. A lo largo de casi tres décadas de formación en el ámbito empresarial ha puesto en marcha programas efectivos que son el resultado de su experiencia en temas de colaboración positiva, desarrollo de talentos y emprendimientos conscientes.

Actualmente vive en el sureste mexicano, junto a su hija, donde dirige una empresa de consultoría enfocada en el bienestar personal y organizacional, cuyo propósito es colaborar a que las personas y las empresas alcancen su mejor potencial.

www.ingramcontent.com/pod-product-compliance
Lightning Source LLC
Chambersburg PA
CBHW051118160426
43195CB00014B/2255